**Antrag auf Freistellung für Auslandsaufenthalt**

•

•

Sehr geehrter Herr Schmied,

•

durch meine Klassenlehrerin an der Berufsschule, Frau Maser, habe ich von einem Austauschprogramm der EU erfahren, das speziell für junge Berufseinsteiger gedacht ist. Das Ziel dieses Programms ist es, auch auf beruflicher Ebene das Zusammenwachsen Europas zu fördern. Deshalb stellt die EU Geld zur Verfügung: für die Vermittlung von Partnerfirmen und einen 30%igen Zuschuss zu den Kosten für An- und Abreise sowie die Unterbringung in einer Gastfamilie. Nähere Einzelheiten können Sie der beigefügten Broschüre entnehmen.

•

Ich interessiere mich sehr für dieses Angebot, böte mir ein Auslandsaufenthalt doch erhebliche Vorteile für meinen beruflichen Werdegang:

•

- Ich bekäme die Chance, vor Ort meine Englischkenntnisse – und hier denke ich vor allem an berufsbezogenes Englisch – in kürzester Zeit erheblich zu verbessern. So könnte ich die Korrespondenz und die Telefonate mit unseren ausländischen Geschäftspartnern viel kompetenter erledigen.
- Darüber hinaus würde dieser Auslandsaufenthalt Qualifikationen wie Offenheit, Toleranz, Flexibilität und Selbstständigkeit bei mir fördern. Diese Eigenschaften kämen meiner Tätigkeit in unserer Firma in hohem Maße zugute.
- Der für mich wichtigste Vorteil besteht darin, dass ich durch die praktische Arbeit in der Firma meines Austauschpartners andere Arbeitsweisen und -abläufe kennen lernen würde, von denen unsere Firma profitieren könnte.

•

Deshalb bitte ich Sie, mich im kommenden Frühjahr für vier Wochen bei voller Bezahlung freizustellen. Ich hoffe sehr auf Ihr Einverständnis und Ihre Unterstützung, denn ich bin überzeugt, dass dieser Austausch nicht nur für mich, sondern auch für die Firma von großem Nutzen ist.

•

Mit freundlichen Grüßen

•

•

•

**Anlage**
EU-Broschüre

## Seite 58

**1**... Z. 14–19: Begrüßung der Podiumsrunde, Z. 22 f.: Worterteilung an Frau Born, Z. 24–26: Begrüßung, Z. 27–38: Darstellung der geplanten Baumaßnahmen.

## Seite 59

**1**... *Ort:* Sitzungssaal im Rathaus von Pulverhausen; *anwesend:* Inge Born (Stadtplanung), Peter Ihring (Tiefbauamt), Maria Betz (Stadtmarketing), Bürgerinnen und Bürger; *Protokoll:* (Namen der/des Protokollanten); *Thema:* Bauplanung für den Freizeitkomplex auf dem Scharf-Areal.

## Seite 60

**1**... Nach der Begrüßung teilt der Bürgermeister, Herr Markus Diehl, mit, dass man im Rathaus über die Reaktionen in der Bevölkerung auf die Pläne zum Freizeitkomplex informiert sei und deshalb zu dieser Veranstaltung eingeladen habe. Er stellt die Diskussionsteilnehmer vor (siehe Anwesenheitsliste) und erteilt das Wort Frau Born von der Stadtplanung.

**2**... Z. 1–3: Frau A.: befürwortet neue Einkaufsmöglichkeiten, lehnt Kinos und Diskos ab; Z. 4–8: Herr A.: stimmt zu, befürchtet zugeparkte Straßen, Krach und Müll; Z. 9 f.: Frau A.: befürchtet Gefährdung der Sicherheit; Z. 13–19: Frau B.: hebt Vorteile des Freizeitkomplexes für Jugendliche hervor; Z. 20–24: Herr A. und Frau B. streiten; Z. 25–27: Diskussionsleiter greift ein und mahnt zur Sachlichkeit; Z. 27–32: Diskussionsleiter fasst Beiträge zusammen, gibt weiter an Herrn Ihring; Z. 33–41: Herr Ihring: erläutert Plan einer neuen Verkehrsführung; Z. 42–51: Frau Betz: weist auf Untersuchungen über verändertes Verhalten der Kinogänger hin, Kinokomplex in Nachbarstadt ziehe Besucher ab, Bedeutung des Kinokomplexes für die Stadt.

## Seite 62

**3**... Frau A. und Herr A. befürworten neue Einkaufsmöglichkeiten, befürchten aber, dass durch Kinos und Disko viele Menschen in das Viertel gelockt würden, was zu Ruhestörung, Parkplatzproblemen, Müllbelästigung und Gefährdung der Sicherheit führe. Frau B. hebt die Vorteile des Freizeitkomplexes für Jugendliche hervor. Die Diskussion wird heftig. Der Diskussionsleiter, Herr Branke, greift ein, bittet um sachlichen Diskussionsstil und fasst die Beiträge der Teilnehmer aus dem Publikum zusammen. Herr Ihring erläutert den Plan einer neuen Verkehrsführung, die eine zusätzliche Verkehrsentlastung des Viertels bringen soll.

## Seite 63

**4**... Frau Betz sagt, Untersuchungen hätten gezeigt, dass sich das Verhalten der Kinogänger grundlegend verändert habe. Der moderne Kinobesucher entscheide sich nicht mehr zu Hause für einen Film, sondern wähle an Ort und Stelle aus dem Angebot aus. Das

Cinemaxx in Mühlhausen ziehe deshalb eine hohe Prozentzahl der ortsansässigen Besucher ab. Dies könne der Kinokomplex auf dem Scharf-Gelände verhindern und die Attraktivität der Stadt erhöhen.

## Seite 64

**1**... a) Die Anwohner befürworten neue Einkaufsmöglichkeiten, befürchten Ruhestörung durch Zunahme des Verkehrs, Gefährdung der Sicherheit, Müllbelästigung. b) Für Jugendliche ist eine Disko in der Stadt als Treffpunkt längst fällig und wird begrüßt. c) Untersuchungen zeigen die Notwendigkeit eines Kinokomplexes mit erweitertem Angebot. d) Eine Verkehrszunahme wird vermieden durch zwei direkte Zufahrtstraßen zu den Parkmöglichkeiten auf dem Freizeitgelände.

## Seite 65

**1**... Herr Ihring sagt, *dass ihnen* die Sorgen der Anwohner bekannt *seien. Er meint, dass sie* diese Sorgen verstehen *könnten* und sehr ernst *nähmen. Ihre* Lösung *sei* eine direkte Verbindung von der Umgehungsstraße zum Scharf-Areal. Der Verkehr *werde* über diese Verbindungsstraße direkt zu den Parkmöglichkeiten auf dem Gelände geleitet. *Er könne* den Anwesenden versichern, *fügt Herr Ihring hinzu, dass* diese Lösung verkehrstechnisch eine zusätzliche Entlastung des Viertels *bewirke. Er fragt, ob* es da noch Unklarheiten *gebe.*

**2**... Indirekte Rede: *Redeeinleitung:* meint, fügt hinzu/fragt. *Konjunktion als Verbindung:* ob. *Verben (flektierte Formen):* könnten, nähmen, sei, werde, könne, bewirke, gebe. *Pronomen:* sie, ihre, er.

**3**... Zum Beispiel: behaupten, bemerken, mitteilen, hinzufügen, antworten, vortragen, ergänzen, erläutern, erklären, begründen, entgegnen, widersprechen, bedauern, zustimmen. Zusätzlich: darauf bestehen, zu bedenken geben, zusammenfassen, befürworten, in Frage stellen, zum Ausdruck bringen, der Meinung sein, den Schluss ziehen, die Entscheidung treffen.

## Seite 66

**1**... meinen, dass, deutschen, Willen, meisten, Das, das, Ergebnis, das, herauskommen, das, Älteren, Bedenken, Dass, das, dass, sie, schließlich, Sache, Gewohnheit, Endlich, Ausnahmen, feststellten, dass, viel, fiel, schreiben (Verb)/Schreiben (nominalisiertes Verb = das Schreiben), das, beweist, das, dass, ältere, ihre, Nachkommen, Das, Beste, dass, Schreibweisen, Schreibung, deutsche, Sie, Folgendes, betonen, Vereinfachung, muss, man, griffbereit, Das, wert.

## Seite 67

**1**... An unserer Schule gibt es eine Juniorenfirma, die von Herrn Klein betreut wird. Auf der diesjährigen Computermesse in Ulm durften sich die beteiligten Schülerinnen und Schüler das erste Mal einer breiten Öffentlichkeit vorstellen. Sie sollten einen interessanten Messestand entwerfen, um möglichst viel Aufmerksamkeit zu erregen. Es war ein toller Erfolg: Die Presse war voll des Lobes.

**2**... **a)** *Satzanfänge:* An, Auf, Sie, Es, Die. *Namen:* Klein, Ulm. *Nomen:* Schule, Juniorenfirma, Herrn, Computermesse, Schülerinnen, Schüler, Mal, Öffentlichkeit, Messestand, Aufmerksamkeit, Erfolg, Presse, Lobes.
**b)** Öffentlichkeit, Aufmerksamkeit.
**c)** eine Juniorenfirma, der (diesjährigen) Computermesse, die (beteiligten) Schülerinnen und Schüler, das (erste) Mal, einer (breiten) Öffentlichkeit, einen (interessanten) Messestand, ein (toller) Erfolg, Die Presse, des Lobes.
**d)** Schule. Das Nomen ist am begleitenden Possessivpronomen (unserer) zu erkennen.

## Seite 68

**1**... Die richtigen Varianten sind:
a) schreiben, b) Schreiben (4), c) Neues (5), d) Neue (5), neue, e) Für und Wider (6), f) Aufregendes (5), schreiben, g) Abseits (6).

**2**... **a)** Nomen und Namen.
**b)** *Regel 3* (Satzanfänge): Das, Ein, Und, Schon, Ich, Wer, Ich, Du.
*Regel 4* (nominalisierte Verben): Telefonieren, Totlachen, Telefonieren, Zuhören, Ausschalten, Angeben
*Regel 6* (nominalisierte andere Wortarten): Nachhinein, Niemand
**c)** Weil diese Wörter, je nach Satzzusammenhang, sowohl klein- als auch großgeschrieben werden können. Den Satzzusammenhang erkennt der Computer jedoch nicht.

## Seite 69

**1**... *Leserbrief:* In Ihrem Kommentar vom ... über ... behaupten Sie ...; *Werbetext:* Verwöhnen Sie Ihre Lieben mit ...; *Bewerbungsschreiben:* In Ihrer Stellenanzeige in ... vom ... bieten Sie ..; *Geschäftsbrief:* Falls Ihnen die Ware nicht zusagt, können Sie sie zurückschicken.

**2**... a) Ihren Kindern = die Kinder des Lesers statt die der Eltern. Ihnen = dem Leser statt den Findern. b) Ihrer Karriere = die Karriere des Trainers statt die der Sportlerin.

**3**... Richtig geschrieben sieht der Leserbrief folgendermaßen aus: In der Überschrift Ihres Berichts vom 29. März über den Mangel an IT-Fachkräften zitieren Sie ein Werbeplakat einer Dresdener Software-Firma so: „Spüren Sie noch ihren Puls?" Ich frage mich: wessen Puls??? Wenn Sie diese falsche Schreibweise nun schon in Ihren Überschriften bringen, obwohl sie auf dem abgebildeten Originalplakat der Firma nicht auftaucht, muss ich Sie per Leserbrief auf diesen immer häufiger auftretenden Fehler hinweisen. Wenn nämlich Heranwachsende Ihre Zeitung lesen, besteht die Gefahr, dass sie diese falsche Schreibung übernehmen. Und das wäre schlimm, denn in der Schule, bei Eignungstests und überhaupt müssen sie beweisen, dass sie sie richtig beherrschen.

## Seite 70

**1**... a) recht, b) recht, c) leid, d) ernst, e) Wert, f) wert, g) pleite, h) Pleite, i) schuld, j) Schuld, k) leid, l) Ernst, m) Ernst, n) angst, o) ernst, ernst, p) Recht, q) Angst, r) ernst, s) recht, pleite, t) wert, u) Wert, v) leid, w) Angst.

## Seite 71

**1**... dass, Das (Dies), Dass, das (dies), das (dieses/jenes), das (welches), Das (Dieses/Jenes), das (dieses/jenes), Dass, das (dieses/jenes), das (dieses/jenes), das (welches), Das (Dies).

**2**... dass (K), das (D), das (A), das (R), das (A), das (R), dass (K), das (A), Das (D), Dass (K), das (D), das (D).

## Seite 72

**1**... **a)** Maus, Kreis, Eis, Hals.
**b)** mausen, umkreisen, vereisen, aufhalsen.

**2**... du liest, du musst, du hasst, du hast, du umkreist.

**3**... Gruß, Zeugnis, Fass, Fuß, Schloss.
er las, er ließ, er stieß, er biss, er aß.

## Seite 73

**4**... Nussschale, genusssüchtig, Fitnessstudio, Verschlusssache, Schlussstrich, Passstraße, Stresssituation, Imbissstand, Nassschnee, Basssänger, Missstand, Fresssack, Kongressstadt.

**5**... Gestern, las, diesen, lustigen, beißt, Spieß, Hundebesitzer, biss, muss, Misshandlung, zugebissen, dass, das, Das, das, Tiermisshandlung, wies, das, Ergebnis, wissen, Missstände, dass, überlassen, Bisse, Küsse.

## Seite 74

**1**... geschenkt – schenken (1); wirklich – wirken (4); riesig – riesiger (3); getauft – der getaufte Hamster (2); abends – Abende (2, 4); gibt – geben (1); Salat – Salate (2); Abend – Abende (2); mordsmäßig – Morde (4); erschreckt – erschrecken (1); verschwand – verschwinden (1); Schrank – Schränke (2); vergeblich – vergebens (4); verstaubt – verstauben (1); selbst – selber (4); bald – baldig (4); freut – freute (2); freundlich – Freunde (2, 4); allerdings – Dinge (2, 4); geweckt – wecken (1); tagsüber – Tage (4, 2); hoffentlich – das muss man *so* lernen.

## Seite 75

**1**... Abschaffung, mit Erstaunen, Meldungen, Presse, entnommen, dass, Ihr, nachdenkt, Deutsch, Das, Anlass, das, Für, Wider, Hilfe, das, angefertigt, Ihnen, Ergebnisse, darstellen, schließlich, Betroffenen, dass, berufsbezogene, wichtiger, Deutsch, das, jahrelang, Man, Umgang, unterrichten, meisten, Einwand, dass, das Beherrschen, deutschen, fast, notwendig, Schreiben, Telefonieren, Das, dass, ernst, Anliegen, Sie, entschlossen, dass, Sie, wenigstens, Recht.

## Seite 76

**1**... a) Immer mehr Jugendliche haben Nebenjobs, weil ihr Taschengeld nicht reicht. (2) b) Die Nebenjobs, die wirklich gut bezahlt werden, sind rar. (3) c) Dass Beziehungen bei der Suche nützlich sind, ist allgemein bekannt. (1) d) Das ist genau der Job, den ich mir vorstelle. (2) e) Es ist wichtig zu wissen, wo man am besten nach Nebenjobs fragt. (2) f) Es gibt durchaus Arbeitgeber, mit denen man gut verhandeln kann. (2)

**2**... a) Weil ihr Taschengeld nicht reicht, haben immer mehr Jugendliche Nebenjobs. c) Es ist allgemein bekannt, dass Beziehungen bei der Suche nützlich sind. e) Wo man am besten nach Nebenjobs fragt, ist wichtig zu wissen.

## Seite 77

**1**... *Einleitendes Wort:* a) weil, b) die, c) Dass, d) den, e) wo, f) (mit) denen. *Gebeugtes Verb:* a) reicht, b) werden, c) sind, d) vorstelle, e) fragt, f) kann. *Satzbaupläne:* a) HS – NS (K), b) HS – NS (R) – HS, c) NS (K) – HS, d) HS – NS (R ), e) HS – NS (F), f) HS – NS (R).

**2**... a) Immer mehr Jugendliche greifen zur Zigarette, obwohl sie die Gefahren des Rauchens kennen. b) Viele fangen in der Clique an zu rauchen, weil der Gruppendruck stark ist/sobald der Gruppendruck stark ist/wenn der der Gruppendruck stark ist/da der Gruppendruck stark ist. c) Wenn Zigaretten noch teurer werden, würden manche Jugendlichen erst gar nicht anfangen zu rauchen. d) Junge Raucherinnen behaupten, dass sie zu rauchen aufhören könnten, wenn sie schwanger würden/sobald sie schwanger würden. e) Ob das dann so einfach möglich ist, ist die Frage.

## Seite 78

**1... oben**
a) HS – NS (R) – NS (K) – NS (K). Es gibt Eltern, die ihre Kinder schlagen, obwohl es ihnen hinterher leidtut, dass ihnen die Hand ausgerutscht ist. b) HS – NS (F) – NS (K) – NS (F). Aber oft wissen Eltern nicht, wie sie ohne Gewalt erreichen können, dass ihre Kinder das tun, was von ihnen erwartet wird. c) NS (K) – HS – NS (R) – NS (F). Damit Eltern und Kinder aus diesem Teufelskreis der Gewalt wieder herauskommen, gibt es Beratungsstellen, in denen den Eltern Tipps angeboten werden, wie sie wieder besser mit ihren Kindern auskommen können. d) HS – NS (K) – NS (K). Die meisten Eltern können nicht zugeben, dass sie ihre Kinder schlagen, weil sie sich schämen.

**1... unten**
a) Er sagte ihr, dass sie ihn so bald wie möglich anrufen solle. b) Ich glaube, dass er nicht zu Hause ist. c) Sie weiß, dass er es getan hat. d) Sie ist der Meinung, dass er den Schaden beheben muss. e) Ich hoffe, dass du Bescheid weißt.

## Seite 79

**1...** a) Die Firmen stellen mehr Auszubildende ein, als sie erwartet hatten. b) Bis zur Beendigung ihrer Schulzeit geht sie zu ihren Nachbarn zum Babysitten. c) In diesem Jahr gibt es sogar mehr Lehrstellen als nötig. d) Seit er den Verein gewechselt hat, hat er mehr Spaß am Fußballspielen. e) Beim Bügeln hört er gern Musik.

## Kriterien zur Beurteilung einer Präsentation

| | | sehr gut | + | o | – | zu verbessern |
|---|---|---|---|---|---|---|
| **Inhalt** | | – sachlich richtig<br>– angemessene Gewichtung von Haupt- und Nebenpunkten | | | | – sachliche Fehler<br>– falsche Gewichtung: Wichtiges zu kurz, Nebensächliches zu ausführlich |
| **Aufbau** | | – klar nachvollziebar<br>– zielgerichtet<br>– hilfreich für das Publikum | | | | – nicht nachvollziebar<br>– ungeschickt<br>– verwirrend |
| **Vortrag** | **Sprache** | – verständlich in Satzbau und Wortwahl<br>– sicher im Ausdruck<br>– abwechslungsreich, effektvoll | | | | – unverständlich und fehlerhaft<br>– unsicher im Ausdruck<br>– eintönig, viele Wiederholungen |
| **Vortrag** | **Sprechweise** | – deutlich<br>– angemessene Lautstärke<br>– effektvoll in der Betonung | | | | – undeutlich<br>– zu leise/zu laut<br>– monoton, ohne Akzente |
| **Vortrag** | **Sprechtempo** | – ausgeglichen<br>– gute Pausentechnik | | | | – zu schnell – keine Pausen<br>– stockend – Blackouts |
| **Körpersprache** | **Blickkontakt** | – jeder fühlt sich angesprochen<br>– Vortrag möglichst frei | | | | – fehlt, ist unsicher<br>– vom Blatt abgelesen |
| **Körpersprache** | **Haltung, Gestik, Mimik** | – unterstreicht die Aussage<br>– offen, freundlich, entspannt | | | | – steif<br>– übertrieben, unernst |
| **Visualisierung** | | – aussagekräftige Schaubilder<br>– übersichtliche Tabellen | | | | – keine/unpassende Schaubilder<br>– Tabellen ohne Aussagewert |
| **Medieneinsatz** | | – angemessen, richtige Zeitpunkt<br>– routinierte Technik<br>– gute Vorbereitung | | | | – unangemessen, ungeschickt<br>– unvorbereitet<br>– chaotisch |
| **Kreativität** | | – besondere Idee<br>– geschickte Form<br>– weckt Zuhörerinteresse | | | | – phantasielos, lustlos<br>– langweilige Form<br>– löst wenig Zuhörerinteressen aus |
| **Verhalten in der Gruppe** | | – Unterstützung anderer Gruppenmitglieder<br>– Abstimmung innerhalb der Gruppe | | | | – ohne Bezug zur Gruppe<br>– nur mit sich selbst beschäftigt |
| Besondere Stärken | | | | | | |
| Schwächen/Verbesserungsvorschläge | | | | | | |
| Punkte/Note | | | | | | |

# Spracherfahrungen

Deutsch für berufliche Schulen · Neue Ausgabe

Cornelsen

## Arbeitsheft

## Lösungen

### Seite 3

**1.** **a)** Entwicklung der Anzahl der Geburten in Deutschland pro 1000 Einwohner von 1946 bis 1999.

**b)** Die Geburtenzahl begann nach dem Krieg mit 14,3, stieg an – mit einem leichten Rückgang in den Fünfzigerjahren – bis zum Höhepunkt im Jahre 1963 mit 18,2. Danach erfolgte ein Rückgang in zwölf Jahren bis 1975 mit 9,9. Auf diesem niedrigen Niveau pendelte sich die Zahl ein, bei einer insgesamt leichten Erhöhung, bis die Geburtenzahl nach 1990 wieder abfiel zu ihrem bisher tiefsten Stand 1999 mit 9,4.

**c)** Auffällig sind der extreme Abfall zwischen 1963 und 1975 und der erneute Rückgang seit 1990.

**d)** Das Schaubild steht im Zusammenhang mit der Verteilung von Alt und Jung in unserer Gesellschaft und weist auf die Problematik hin, dass es künftig immer weniger junge Leute geben wird. Das bedeutet unter anderem einen Arbeitskräftemangel und Probleme mit dem bisherigen Rentensystem.

**2.** **a)** Dargestellt wird, wie viel Geld einzelne Autofirmen für Werbung ausgeben.

**b)** Die Zahlen in den Säulen geben an, wie viel die Firmen je Neuwagen für Werbung ausgeben, und die Zahlen in Klammern, wie hoch der Werbeetat der Firmen insgesamt ist.

**c)** Citroën gibt pro Neuwagen fast fünfmal so viel Geld für Werbung aus wie Mercedes, obwohl der Werbeetat insgesamt bei Mercedes höher ist als bei Citroën.

**d)** Die Autofirmen müssen in unterschiedlichem Maße Werbung für ihre Fahrzeuge machen. Es gibt Autos, die verkaufen sich „fast von selbst", haben also bereits ein gutes Image, und die Kunden kommen ohne extreme Werbeanstrengungen. Andere Automarken sind weniger bekannt und begehrt und die Firmen müssen viel Geld aufwenden, um den Verkauf anzukurbeln.

### Seite 5

**1.** a) Kreisdiagramm
b) Organigramm
c) Kurvendiagramm
d) Tabelle
e) Ablaufplan
f) Balkendiagramm oder Kreisdiagramm

**2**... Siehe folgendes Schaubild.

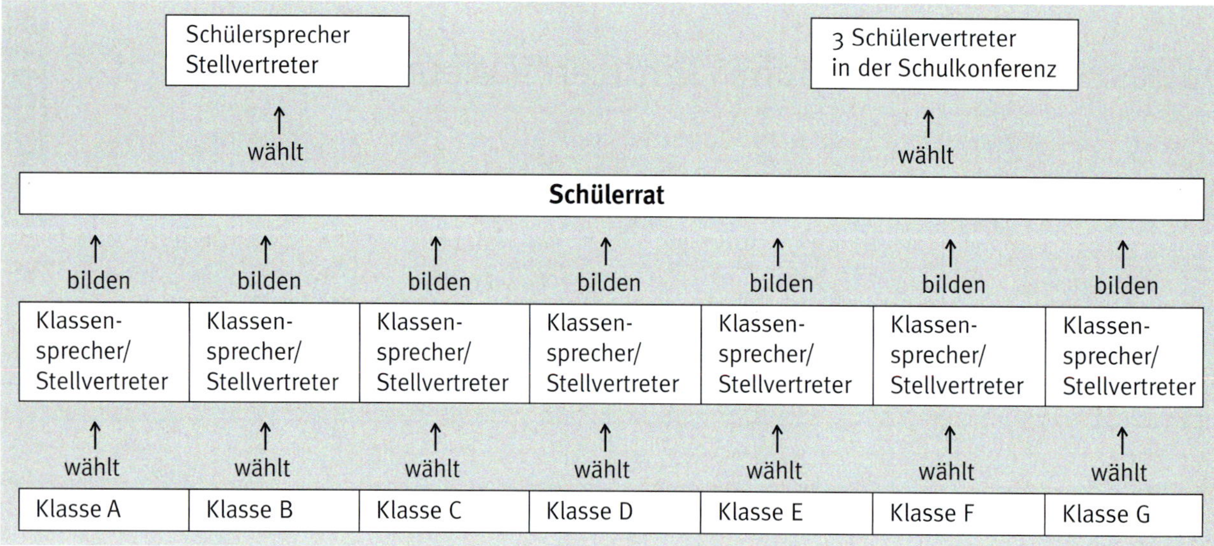


## Seite 7

**Aussagen zum Text „Die Zeitung hat Zukunft"**
*Stimmt:* Nr. 1, 5, 8, 11, 12, 14; *stimmt teilweise:* Nr. 2 (außerdem nahmen Chefredakteure und Jugendforscher teil), 3 (eine gute Zukunft hat die Zeitung nur, wenn jugendliche Leser [zurück-]gewonnen werden können), 7 (kaum Interesse für beide genannten Bereiche); *stimmt nicht:* Nr. 4 (es sind die 14- bis 29-Jährigen; Zusatz: das Allensbach-Institut [Z. 34] ist das bedeutendste Meinungsforschungsinstitut in Deutschland, deswegen sollte man diesen Namen kennen), 6 (Jüngere frühstücken oft nicht oder hastig, also fehlt auch die Zeit für die Zeitung), 9 (es ist nur 1% pro Jahr), 10 (Hellmuth Karasek kann keinen Schaden für die Zeitung durch das Fernsehen feststellen), 13 (Karasek spricht von einem „Siegeszug der Reportagen" in den Zeitungen), 15 (der Jugendforscher sagt genau das Gegenteil).

**Testergebnisse im Diagnosefeld**
Allgemein gilt: Je weniger Zeit Sie in Schritt 1 und 2 gebraucht haben und je größer die Zahl der richtig bewerteten Fragen in Schritt 1 und 2 ist, desto besser ist Ihre Fähigkeit, den Inhalt eines Textes schnell und sicher zu erfassen. Hinweis: Es kann sein, dass Sie Ihre Textergebnisse nicht *einer* der Bewertungskategorien zuordnen können; dann sind Sie ein „Mischtyp".

---

**Schritt 1–3**

| Bewertung | in Schritt | Zeit | Zahl | Schritt 3: Zahl |
|---|---|---|---|---|
| sehr gut = A | 1<br>2 | unter 1'15"<br>unter 2'00" | bis 2<br>bis 4 | 14 bis 15<br>alle 15 |
| gut = B | 1<br>2 | unter 1'45"<br>unter 2'30" | bis 4<br>bis 6 | 12 bis 15<br>14 oder 15 |
| mittelmäßig = C | 1<br>2 | unter 2'00"<br>unter 2'45" | bis 6<br>bis 8 | 10 bis 15<br>13 bis 15 |
| schlecht = D | 1<br>2 | unter 2'15"<br>unter 3'00" | bis 7<br>bis 9 | 9 bis 15<br>12 bis 15 |
| sehr schlecht = E | 1<br>2 | mehr als 2'15"<br>mehr als 3'00" | ab 8<br>ab 10 | unter 8<br>unter 11 |

Ausführliche Bewertung:
A: Sie können sehr schnell lesen und das Gelesene perfekt erfassen. Bravo!
B: Sie können schnell lesen und das Gelesene fast perfekt erfassen. Gut! Aber: Sie können noch besser werden! Die Arbeit mit den folgenden Seiten wird Sie leicht ans Ziel bringen.
C: Ihre Lesegeschwindigkeit und Ihr Textverständnis reichen aus, um in der Schule bzw. im Beruf im Mittelfeld zu sein. Das ist nicht schlecht, aber es wäre gerade bei Ihnen schade, wenn Ihnen das genügen würde, denn Ihre Fähigkeiten sind so gut, dass Sie diese relativ leicht durch die Arbeit mit den folgenden Seiten verbessern können. Verschwenden Sie Ihr Talent nicht!
D: Sie sollten die folgenden Seiten besonders aufmerksam und gründlich bearbeiten; dann wird sich Ihre Lesefitness, d.h. Ihr Textverständnis, erheblich verbessern. Einen sicheren und bleibenden Erfolg werden Sie erzielen, wenn Sie sich angewöhnen, täglich mindestens

zehn Minuten Zeitung zu lesen, und zwar sinnvollerweise Ihre Lokalzeitung. Lesen Sie auch „schwierigere" Artikel im Politik- oder Wirtschaftsteil und wenden Sie dabei das an, was Sie sich hier an Lesetechniken erarbeiten. Ihr Wissen wird sich so erweitern und Ihre Mühe wird sich lohnen.
E: Wie D, nur noch intensiver! Am besten suchen Sie sich einen Trainingspartner (Mitschüler, Kollege, Familienmitglied, Nachbar ...), mit dem Sie den Lesefitness-Test anhand anderer Texte nachspielen. Egal, ob mit oder ohne „Coach": Wenn Sie „dranbleiben", werden sich Ihre schulischen bzw. beruflichen Leistungen garantiert verbessern.

**Schritt 4**
Nr. 1: Z. 11–13; Nr. 2: Z. 15–16, 41; Nr. 3: Z. 1–3; Nr. 4: Z. 37–38; Nr. 5: Z. 5–6; Nr. 6: Z. 42–43, 45–46; Nr. 7: Z. 38–40; Nr. 8: Z. 17–20; Nr. 9: Z. 35–37; Nr. 10: Z. 28–31; Nr. 11: Z. 15–18; Nr. 12: Z. 41–45; Nr. 13: Z. 28–33; Nr. 14: Z. 22–25; Nr. 15: Z. 48–50.

## Seite 9

**1**... **a)** Fazit (1), Wermutstropfen (Wermut verschlechtert den guten Wein) (2), Blätter (3), Solidarisierungsmaschine (4), lokale (5), allen Unkenrufen zum Trotz (unken = Unheil verkünden) (6), in den Fokus nehmen (Fokus = Brennpunkt) (7), Allensbach-Institut (8), Paroli bieten (9), Kongress (10).
**b)** Es sind 5 Personengruppen: 1. *Leser:* Jugendliche/Familien, 2. *Zeitungsverleger:* einer von ihnen ist ihr Präsident, 3. *Chefredakteure:* der Vertreter dieser Gruppe ist der „Tagesspiegel"-Herausgeber, 4. ein Meinungsforscher, 5. ein Jugendforscher. (Die Anzahl 6 ist auch richtig, wenn Sie „Jugend" und „Familie" als zwei Gruppen gesehen haben. Die genannten Fachleute sollten Sie jedoch nicht von ihrer Gruppe trennen.)

**2**... **a)** Zeitung wird weiterleben (Schlagzeile und Z. 1–2, eine Angabe reicht), b) *Einschränkung:* Jugend hat immer weniger Interesse (Z. 6), *Forderung:* jugendliche Leser gewinnen bzw. halten (Z. 2), c) keine Einigung auf Maßnahmen (Z. 9–11), d) Interessen der Jugendlichen mehr beachten (Z. 11–13), e) Familien bleiben ihrer Zeitung treu (Z. 14–16). f) Zeitung liefert Hintergründe, festigt Meinungsbildung (Z. 16–18), g) TV hat Zeitung nicht geschadet (Z. 18–19), h) Zeitungsreportagen beliebt (Z. 19–21), i) mit Statistik: 1% weniger Leser zwischen 14 und 29 Jahren pro Jahr (Z. 22–24), j) kein Interesse an Politik, Wirtschaftsseiten unattraktiv (Z. 24–26),
**b)** k) Welche Gründe/Ursachen nennt der Jugendforscher für sinkende Verkaufszahlen? *Antwort:* veränderte Lebensgewohnheiten (kaum Frühstück/Weg zur Arbeit mit Auto) (Z. 27–31), l) Welche Maßnahmen schlägt er vor? *Antwort:* Gefühle in Reportagen (Z. 31–32), m) Wie begründet er seinen Vorschlag? *Antwort:* Jugendliche daran interessiert (Z. 32–33).

## Seite 10

*These:* Die Zeitung hat Zukunft; *Ursachen/Gründe:* Familientradition, festigt die Meinung; *Beleg:* Zeitungsreportagen sind beliebt. *Eingeschränkte These:* sinkendes Interesse bei Jugendlichen; *Beleg:* Statistik: 1% weniger der 14- bis 29-Jährigen pro Jahr; *Ursachen/Gründe:* Politik uninteressant, Wirtschaftsteil nicht ansprechend; *veränderte Gewohnheiten:* kein oder hastiges Frühstück, Auto statt Bus oder Zug, deshalb keine Zeit zum Lesen; *Forderung:* jugendliche Zeitungleser gewinnen; *Maßnahmen:* Interessen der Jugendlichen mehr beachten, mehr Service, mehr lokale Berichterstattung, mehr Gefühle in Reportagen; *Grund:* Jugendliche an Innenwelt interessiert.

## Seite 11

**1**... dpa-Bericht (1 u. 3), Titel „Die Zeitung hat Zukunft" (2), 18. Oktober 2000 in der Südwest Presse (4), Tagung des Bundesverbandes deutscher Zeitungsverleger (5), Fachleute (7), ob und wie das Medium Zeitung im Wettbewerb mit dem Fernsehen und dem Internet bestehen kann (6).

**2**... Der dpa-Bericht mit dem Titel „Die Zeitung hat Zukunft", der am 18. Oktober 2000 in der Südwest Presse erschienen ist, *handelt von* den Ergebnissen einer Tagung ...
Der dpa-Bericht ... *beschäftigt sich mit* den Ergebnissen ...
In dem dpa-Bericht ... *geht es um* die Ergebnisse ...

## Seite 12

**1**... *Konjunktiv I:* liefere (Z. 16), gebe (Z. 17), habe ... (Z. 19), habe ... (Z. 20), werde ... (Z. 24), ... sei (Z. 28), werde ... (Z. 30); *Konjunktiv II:* hätten ... (Z. 29), beeinflussten (Z. 31); *Indikativ:* liefert, gibt, hat, hat, wird, ist, wird, haben, beeinflussen. (Hinweis: *müssten* (Z. 5, 11) und *sollten* (Z. 31) sind keine Formen der indirekten Rede, sondern drücken Empfehlungen aus.)

**2**... habe – müsse – sei – wende

## Seite 13

**1**... Z. 6–7: habe ... nicht geschadet (indirekte Rede, gibt die Aussage Karaseks wieder).

**2**... Z. 2: Dies begründet ..., Z. 10–11: Diese These wird eingeschränkt durch ..., Z. 14–15: Dafür gibt es ... mehrere Ursachen, Z. 23–24: Aus all dem ergibt sich die Forderung ..., Z. 25–26: Als Maßnahmen schlägt er vor ..., Z. 30: ... rät ...

**3**... Z. 27–29, Z. 32.

## Seite 14–17

**1**... **a)** *Unterstreichungen:* Z. 12–14: Täter meist jung, männlich, mitunter aus sog. „gutem Hause", Z. 17–19: fehlende körperliche Herausforderung, Langeweile übersättigter Jungtäter, Z. 21–29: Opfer Bahnfahrer, Kinder, Bürger ohne Handy, eher die Schwächeren, Z. 30–31: Grund, warum Vandalismus und seine Folgen nicht geduldet werden dürfen, Z. 32–38: psychologischen Wirkung, Sicherheitsgefühl verändert sich, Grundvertrauen schwindet, Z. 39–40: Folgen Ärger und Angst, Z. 41: Kann dem Vandalismus Einhalt geboten werden?, Z. 42–44: Wie heilsam harte Strafen für die Täter sind, gehen die Meinungen auseinander, Z. 45–46: Straßenbahn gründlich säubern lassen, Z. 47: „Wertebewusstsein" wachsen zu lassen, Z. 48–49: in dieser Umbruchzeit Vandalismus weiter ein Problem, Z. 49–50: Man muss sich ihm stellen, Z. 51: scheinbar geordneten Welt, Z. 52–53: Lust an blinder Zerstörung, oft verdrängte Realität.

**b)** *Aufbaubestandteile:* Z. 1–11: Beispiele, Definition, Statistik, Z. 12–17: Personen: Täter, Z. 17–20: Ursachen, Z. 21–29: Personen: Opfer, Z. 30–31: These =Appell, Z. 32–40: Folgen, Z. 41–47: Maßnahmen, Z. 48–53: Schlussappell. *Inhalt in Stichworten:* Z. 1–11: Vandalismus = Sachbeschädigung an öffentlichem und privatem Eigentum, ca. 10 % aller angezeigten Straftaten, Sachschaden in Millionenhöhe, Z. 12–17: Meist männliche Jugendliche aus allen Schichten, Z. 17–20: Viel Technik führt zu mangelnder Bewegung, Übersättigung schafft Langeweile, Z. 21–29: Bahnfahrer, Kinder, Bürger ohne Handy sind die Schwächeren, Z. 30–31: Vandalismus nicht dulden!, Z. 31–40: Psychologische Wirkung: schlechteres Sicherheitsgefühl, sinkendes Grundvertrauen führen zu Ärger und Angst, Z. 41–47: Vorbeugende Jugendarbeit, wirksame Strafen (?), Straßenbahn säubern lässt evtl. Wertebewusstsein wachsen, Z. 48–53: Sich dem Problem stellen, Wirklichkeit nicht verdrängen.

**2**... **a)** *Inhaltsangabe:* B = 4. Kasten, C = 3. Kasten, D = 1. Kasten, E = 2. Kasten.

**b)** *Kasten F:* Als zweiten Grund für seine Forderung schildert der Autor die psychologischen Folgen für die Bürger, nämlich ein schlechteres „Sicherheitsgefühl" (Z. 36) und ein sinkendes „Grundvertrauen" (Z. 37), was zu „Ärger und Angst" (Z. 40) führe, die „in den Seelen wie Messer" (Z. 40) wüchsen. *Kasten G:* Als Maßnahmen zur Bekämpfung von Vandalismus schlägt der Kommentator eine vorbeugende, einfühlsame Jugendarbeit vor. Über wirksame Strafen gingen die Meinungen auseinander. Als Vorbild für eine Strafe, die bei den Tätern ein „Wertebewusstsein" (Z. 47) schaffen könnte, nennt er das Säubern von Straßenbahnen (Leipziger Beispiel). *Kasten H:* Im letzten Abschnitt wiederholt Bäucker seine These „Man muss sich [dem Problem Vandalismus] stellen" (Z. 49–50), weil blinde Zerstörungslust ein Symptom für unsere „scheinbar geordnete Welt" (Z. 51) sei. Dies sei „eine oft verdrängte Realität" (Z. 52–53).

## Seite 18

**1**... **a) und b) oben**

*Der Autor:* der Autor, er, der Kommentator, Bäucker, der Verfasser. Mögliche Ergänzungen: der Journalist, der Leserbriefschreiber (wenn diese Textsorte vorliegt). *Was der Autor „tut":* erklärt, beschreibt, weist auf ...hin, kommt von ... zu ... Mögliche Ergänzungen aus den Kästen F–H: schildert, schlägt vor, nennt, wiederholt. Weitere Formulierungen: veranschaulicht, begründet, belegt, widerspricht, stimmt zu, führt ... an, appelliert, definiert, folgert. *Abfolge der Argumentationsschritte:* Als Erstes, dann folgt, ergänzt, danach, von ... kommt ... nun zur ..., dies führt zu ... Mögliche Ergänzungen aus den Kästen F–H: Als zweiten ..., im letzten Abschnitt.

**1**... **unten**

a) *Schlüsselbegriffe:* „Sachbeschädigung" (Z. 9), „hohe Dunkelziffer" (Z. 11), „technisierten Umwelt" (Z. 18), „Langeweile" (Z. 18).

b) *ein Teilzitat:* vom zerstörten „Telefonhäuschen ... zu zerkratztem Autolack" (Z. 1–5).

c) *ein Schlüsselsatz* (aus Text H:) „Man muss sich [dem Problem Vandalismus] stellen." (Z. 49–50)

## Seite 19

**1**... In seinem Kommentar (1) mit dem Titel „Die Wut der Vandalen" (2), der am 15. November 1999 in den Stuttgarter Nachrichten (4) erschienen ist, beschreibt der Verfasser Arnd Bäucker (3) Ursachen und Folgen von Vandalismus (6) und fordert seine Leser dazu auf, dieses Problem nicht zu verdrängen, sondern es durch geeignete Maßnahmen zu bewältigen.

**2**... beginnt, Kommentar, Beispielen, belegt, Zahlen, Dann, wendet ... sich ... zu, seien, Ursachen, nennt, der Kommentator, Im zweiten Abschnitt, beschreibt, Arnd Bäucker, seien, Daraus, leitet ... ab, Forderung, dürfe, begründet.

## Seite 20

**1**... a) Generationenkluft – Ursachen – Maßnahmen zur Lösung des Problems, b) 21-Jährige mit Schulden – Ursachen – Folgen, c) Inflation der Talkshows – Zuschauer/Teilnehmer/Sender – Ursachen – Folgen, d) Vereine – Vorteile/Nachteile der Mitgliedschaft.

## Seite 21

**1**... a) linear, b) linear, c) dialektisch, d) dialektisch.

**2**... Wie erklären Sie sich die Attraktivität der Mobiltelefone?
Welche Probleme sind mit der massenhaften Verbreitung von Handys verbunden?

**3**... Zeigen Sie die Vor- und Nachteile dieser Reiseform auf.

## Seite 22

Die Stoffsammlung ist aus der Gliederung (S. 23) zu ersehen.

## Seite 23

**1**...–**3**...

Erklärung der Verhaltensweisen:
a) Modetrend
  - In-Sein
  - Beispiel der Mitschüler
  - alle gehen ins Nagelstudio und zum Friseur

b) Verbesserung der persönlichen Chancen
  - im privaten Bereich
  - bei der Bewerbung um eine Lehrstelle

c) Selbstwertgefühl

Probleme:
a) Gesundheit
  - Kosmetikprodukte können Haut und Haare schädigen
  - mangelnde Hygiene in Tattoo- und Piercing-Studios

b) Geld
  - hohe Preise für Schönheitsprodukte und Modekleidung
  - Jobs neben der Schule, um mithalten zu können

c) Überbewertung von Äußerlichkeiten

## Seite 24

**1**... *Schlüsselbegriffe:* Schauspieler, Sänger, Sportler = Vorbilder?

**2**... Die Stoffsammlung ist aus der Gliederung (S. 23) zu ersehen.

## Seite 25

**1**... *These:* Sie sind als Vorbilder geeignet.
a) Durchsetzungsfähigkeit
b) Chancengleichheit
c) Zielgerichtetheit, Verwirklichung von Träumen

*Gegenthese:* Sie sind als Vorbilder ungeeignet.
a) falsche/unrealistische Ziele
b) Konzentration auf Geld
c) nicht nachahmenswerte Verhaltensweisen

## Seite 26

**1**... *These:* Jugendliche folgen einem Modetrend, wenn sie ihr äußeres Erscheinungsbild verändern.
*Begründung:* Erst seit wenigen Jahren spielt das Äußere eine so große Rolle.
*Beleg/Beispiel:* Noch die Generation der heute 25-Jährigen kümmerte sich im Jugendalter kaum um Kleidermarken.

*These:* Bekannte Sportler geben Jugendlichen oft ein schlechtes Beispiel.
*Begründung:* Ihre Verhaltensweisen sind häufig alles andere als nachahmenswert.
*Beleg/Beispiel:* Fußballspieler greifen den Schiedsrichter tätlich an, wenn sie mit einer Entscheidung unzufrieden sind.

## Seite 27

**1**... a) [–], b) [+], c) [–], d) [–], e) [+].

**2**... a) ... wächst immer mehr; nicht nur ich selber, auch fast alle meine Freundinnen und Freunde haben laufend Konflikte mit ihren Eltern.
c) Mitgliederversammlungen in Vereinen sind oft nicht gerade spannend, weil oft lang und breit über Nebensächlichkeiten gestritten wird. Da die Vorsitzenden das Geld der Mitglieder nicht so ohne weiteres ausgeben können, muss noch über die Anschaffung eines neuen Bürostuhls eine Abstimmung stattfinden.
d) ... kommen einander näher. Dazu tragen Reisen bei: Ein Besuch von Deutschen in den Herkunftsländern der ausländischen Mitbürgerinnen und Mitbürger kann einen neuen Blick auf fremde Kulturen bieten und Verständnis für unbekannte Verhaltensweisen wecken.

**3**... „Markenklamotten" = allgemein bekannte Tatsache, „Ärzte" = Expertenmeinung, „Taschengeld" = logische Schlussfolgerung, „Art. 2 GG" = Gesetz.

## Seite 28

**1**... a) Sprichwort,
b) Vergleich mit früheren Zeiten.

**2**... **a)** Als Grundschülerin war ich morgens immer schnell fertig, um zur Schule zu gehen: duschen, Zähne putzen, anziehen und einen heißen Kakao trinken – das war's. Wenn ich damit vergleiche,

wie viel Mühe ich heute aufwende, bis mein Äußeres einigermaßen meinen Ansprüchen genügt und ich mich aus dem Haus traue!
Nicht nur ich persönlich, viele Jugendliche empfinden heute die „Last mit dem eigenen Spiegelbild" und unternehmen große Anstrengungen, um ihr äußeres Erscheinungsbild zu verbessern. Warum ist das so?

**b)** Kann einem Menschen sein eigenes Spiegelbild zu einer Last werden? Zunächst erscheint die Frage unsinnig: Der Spiegel zeigt mir, wie ich aussehe, und sicherlich haben zu allen Zeiten Menschen versucht, kleine Korrekturen anzubringen, damit der Spiegel ein „schöneres" Bild zeigt. Doch in unserer Zeit ist zu beobachten, dass viele Menschen, vor allem junge Leute, so extrem unzufrieden mit ihrem Spiegelbild sind und sie ihr Erscheinungsbild als eine solche Last empfinden, dass sie sehr große Anstrengungen unternehmen, um daran etwas zu verändern. Dieses Verhalten hat verschiedene Ursachen und es ist nicht unproblematisch.

## Seite 29

**3**... a) zu weitschweifig, führt nicht zwingend zum Thema, b) äußerst unglaubwürdig, dass ausgerechnet „zufällig gestern" ein zum Thema passender Artikel in der Zeitung stand, c) Argumente des Hauptteils werden vorweggenommen.

**1**... ... sind heute nicht mehr denkbar. Fast alle Jugendlichen unternehmen heute große Anstrengungen, um ihr Äußeres ständig zu verändern und zu verschönern und sich die „Last mit dem eigenen Spiegelbild" zu erleichtern. Diese Verhaltensweise hat viele Ursachen.

## Seite 30

**1**... Wir sehen also, dass das Sprichwort immer noch gilt: „Wer schön sein will, muss leiden." „Die Last mit dem eigenen Spiegelbild" kostet Geld, gefährdet die Gesundheit und führt dazu, dass Äußerlichkeiten bei den Menschen viel zu sehr beachtet werden. Doch die extreme Wertschätzung von Jugendlichkeit, Modebewusstsein und Schönheit ist eine Modeerscheinung und eine Mode bleibt nicht ewig bestehen. Der Schönheitswahn wird vorübergehen und die nächste Generation von Jugendlichen wird wieder auf irgendetwas anderes Wert legen.

## Seite 31

**1**... Es mag Menschen geben, denen die Gemeinschaft in einem Verein wichtig ist und die daher bereit sind, Zeit, Geld und Engagement in das Vereinsleben zu investieren. Für mich persönlich wäre das eine zu große Einschränkung meiner Freizeitplanung. Verpflichtungen habe ich in der Schule und später im Berufsleben genug – in der Freizeit will ich jederzeit spontan tun und lassen können, was mir gerade so einfällt.

**2**... *Stars als Vorbilder*: Viele Prominente können für junge Menschen ein Ansporn sein, aber sie sollten nicht idealisiert werden: Auch Stars bleiben immer Menschen mit Fehlern.
*Arbeit*: Das Wichtigste an der Arbeit ist das Interesse und die Freude an dem Beruf, aber er muss mindestens so viel einbringen, dass ich davon leben kann. Den finanziellen Aspekt darf ich bei meiner Berufswahl nicht völlig außer Acht lassen.

**3**... Beispielaufsatz
*Thema:* „Die Last mit dem eigenen Spiegelbild"
*„Wer schön sein will, muss leiden" – dieses Sprichwort gibt es schon lange. Doch heutzutage unternehmen vor allem junge Menschen extreme Anstrengungen, um ihr Erscheinungsbild zu verbessern. Warum legen so viele Jugendliche heute sehr großen Wert auf ihr Äußeres?*
*Zunächst einmal folgen die jungen Leute damit einem Modetrend. Während es vielleicht vor einigen Jahren unter jungen Leuten als schick galt, möglichst „gammelig" herumzulaufen und die Haare einfach lang wachsen zu lassen, kann man heute nur „in" sein, wenn man sich sorgfältig stylt, regelmäßig zum Friseur geht, die Finger- und Fußnägel in täglich wechselnden schrillen Farben lackiert, möglichst immer nur Markenkleidung trägt und sich zu jeder Gelegenheit passend umzieht, wenn es sein muss, mehrmals täglich. In der Schule stacheln sich die Mitschüler und Mitschülerinnen einer Klasse gegenseitig an, unterhalten sich ausgiebig über bereits getätigte und noch geplante Einkäufe, über den „coolsten" Friseur und das angesagteste Nagelstudio.*
*Darüber hinaus hoffen jeder junge Mann und jede junge Frau auf bessere Chancen beim Kennenlernen, wenn das Äußere etwas hergibt. Der erste Eindruck ist wichtig, vor allem im Gedränge einer Disko sollte man perfekt hergerichtet sein, damit man jemanden auf sich aufmerksam machen und leichter Kontakte knüpfen kann. Im privaten Bereich darf es schon ein bisschen schrill sein, Hauptsache, man fällt auf.*
*Bei der Bewerbung um eine Lehrstelle dagegen kann das äußere Erscheinungsbild ebenfalls eine sehr große Rolle spielen, nur zählt hier selbstverständlich nicht die Originalität, sondern es gilt, gepflegt und solide zu erscheinen. Gut sitzende, saubere Kleidung und fachmännisch frisierte Haare bringen dem oder der künftigen Auszubildenden sicherlich ein paar Pluspunkte ein, ehe das Vorstellungsgespräch überhaupt angefangen hat.*
*Vor allem in einer solchen Stresssituation, aber auch ganz allgemein steigert das äußere Erscheinungsbild das Selbstwertgefühl. Wer in der Aufmachung, der Kleidung, im Make-up und bei den*

*Accessoires seinen persönlichen Stil gefunden hat und ihn pflegt, tritt selbstbewusst auf, und diese Haltung überträgt sich auch auf die Umwelt. Niemand kann sich ganz davon freimachen, dass die Äußerlichkeit heute einen großen Stellenwert hat.*
*Doch die Schönheit fordert ihren Preis, im tatsächlichen wie im übertragenen Sinn. Die Gesundheit leidet unter dem Schönheitswahn. Dicke Schminke kann die Hautporen verkleben, gefärbte Haare werden mit der Zeit strohig, Nägel unter dem Lack gelb. Zu enge Kleidung behindert das Atmen, in Plateausohlen oder Stöckelschuhen können junge Frauen leicht umknicken und sich die Beine verletzen. Noch schlimmere gesundheitliche Folgen können in Tattoo- und Piercing-Studios die häufig mangelnden hygienischen Verhältnisse und die fehlenden medizinischen Kenntnisse des Personals haben. Unsaubere Tätowierungsnadeln rufen schlimme Infektionskrankheiten hervor, und wenn das Bild auf der Schulter missraten ist, lässt es sich nur sehr schwer oder gar nicht wieder beseitigen.*
*Außerdem ist die Schönheit teuer. Für Kosmetika und Markenkleidung sind schnell ein paar hundert, wenn nicht sogar ein paar tausend Euro im Monat ausgegeben. Die Eltern vieler Schülerinnen und Schüler können es sich nicht leisten, das Geld dafür einfach so hinzublättern, und so jobben viele neben der Schule, oft mehr, als sie es sich im Interesse der schulischen Leistungen eigentlich erlauben können. Und junge Menschen, die bereits im Berufsleben stehen, machen Schulden, um in der Mode mithalten zu können, denn ein Anfängergehalt reicht für Boss-Anzüge oder Calvin-Klein-Jeans nicht aus.*
*Die größte Gefahr liegt jedoch in der Überbewertung des Äußeren. Kindergärtnerinnen berichten, dass schon Vorschulkinder sich gegenseitig in den Pulloverkragen schauen, um das Markenlogo erkennen zu können. Grundschulkinder erfinden Krankheiten, um nicht am Turnunterricht teilnehmen zu müssen, nur weil ihre Eltern ihnen keine Nike-Turnschuhe kaufen wollen. Wer dem herrschenden Schönheitsideal nicht entspricht, kann noch so intelligent und hilfsbereit sein, er wird es schwerer haben, Kontakte zu knüpfen und Freunde zu finden.*
*Doch ich denke, man muss „die Last mit dem eigenen Spiegelbild“ auch nicht überbewerten. Moden kommen und gehen und in ein paar Jahren ist es sicher nicht mehr ganz so wichtig wie heute, was jemand trägt und wie er sich schminkt.*

## Seite 32

**1...** **a)** Z. 8: frische Seeluft wär für sie gesund!, Z. 10: schwamm zur Oberfläche hinauf, Z. 12: auf eine jener Flossen, Z. 14: wo sie munter die Seeluft zersägt., Z. 16: die Fliege war und blieb tot., Z. 18: und fraßen verbittert drei Kinder.

**b)** Z. 5: Beschluss, sie zu retten, Z. 9/10: Fliege wird an Oberfläche gebracht, Z. 15/16: trotz frischer Luft bleibt Fliege tot, Z. 17/18.: gekränkt fressen die Haie drei Kinder.

**2...** Zwei Haie sehen eine ertrinkende Fliege und beschließen, sie zu retten. Sie bringen sie an die Oberfläche und an die frische Luft. Doch die Fliege ist tot. Gekränkt fressen die Haie darauf drei Kinder.

## Seite 33

**1...** In der Fabel „Die Retter“ von Erich Fried geht es um eine misslungene Rettungsaktion.

**2...** Zum Beispiel: Die Fabel gefällt mir gut. Ich meine, dass der Text lehrreich und traurig ist, denn die Haie richten aus Ärger sehr viel Schaden an.

**3...** So wie die beiden Haie versuchen auch Menschen, sich als Wohltäter darzustellen. Sie tun Dinge, die ihnen Bewunderung sichern könnten. Sie überlegen aber nicht, ob es auch sinnvoll ist, diese Dinge zu tun. Gelingt dann ihr Plan nicht, sind sie beleidigt und richten Schaden an.

**4...** Ironisch, denn die Haie sind keine Retter, sondern Übeltäter, natürlich mit eigenem Gewinn, denn sie werden satt.

## Seite 34

**1...** Z. 7–10: Sohn geht sorglos, kennt Umgebung, Z. 13: Umgebung wird fremd, Z. 14: Unsicherheit des Sohnes, Z. 16: Wunsch heimzukehren, Z. 19: Sohn ist ratlos, Z. 20–27: Wolken, Tannen, Steine geben keine Auskunft über richtigen Weg, Z. 31: Vater hat keinen Rat gegeben, Z. 33: Sohn hat nicht gefragt, Z. 35: Ratlosigkeit am Ende.

**2...** Eine Lösung könnte z.B. so lauten: Ein Sohn bekommt von seinem Vater den Auftrag, Tabak aus der Stadt zu holen. Der Wunsch des Sohnes ist es, Städte zu sehen. Er geht sorglos los, denn er kennt die Umgebung. Als ihm aber die Umgebung fremd wird, steigt seine Unsicherheit. Er ist ratlos und möchte heimkehren. Er kann sich nicht orientieren, denn der Vater hat ihm keinen Rat gegeben und er hat nicht gefragt.

## Seite 35

**1...** **Einleitung:** *Textsorte:* Ballade, *Titel:* Vom verirrten Sohn, *Autor:* Günter Kunert, *Thema:* Ratlosigkeit der jungen Generation. **Hauptteil:** *Zeit:* keine Angabe, *Ort:* keine genaue Angabe – Weg in die Stadt, *Personen:* Vater, Sohn, *Geschehen:* Vater gibt Auftrag, Tabak zu holen, Sohn zieht los, Sohn verirrt sich, *Grund:* Vater gibt keinen Rat, Sohn fragt nicht.

**2**... b) Er kann sich in der Welt nicht orientieren, weil er es nicht gelernt hat. c) Er verirrt sich, da er nicht nach dem Weg gefragt hat. d) Er kann die Zeichen nicht deuten, weil sie ihm niemand erklärt hat.

## Seite 36

**1**... *Strophe 3:* „... wurde der Weg ihm fremd, /Und er kannte sich da nicht mehr aus. [...] Und er wünschte sich nach Haus.“, *Strophe 4:* „... still war die Wolke hoch oben,/Und sie gab dem Sohn keinen Bescheid,“, *Strophe 5:* „... die Tannen schwiegen, ... Es schwiegen die Steine, ...“ Schlussfolgerung: Der Sohn hat nicht gelernt, sich in fremder Umgebung zurechtzufinden, denn der Vater hat versäumt, Orientierungshilfen zu geben, und der Sohn hat nicht nach Anweisungen gefragt.

**2**... „Lang ist der Weg. Wo ist sein End“ steht für Lebensweg allgemein. „Ist kein Weiser, der's nennt“: Als Jugendlicher braucht man auch Rat und Orientierungshilfen, um sich im Leben zurechtzufinden.

## Seite 37

**1**... „er wünschte sich nach Haus“ (Str. 3, Z. 16), „still war die Wolke hoch oben“ (Str. 4, Z. 20), „auch die Tannen schwiegen“ (Str. 5, Z. 25), „Es schwiegen die Steine!“ (Str. 5, Z. 27), „hat nicht den Weg gesagt“ (Str. 6, Z. 31), „ist kein Weiser“ (Refrain).

**2**... *Zum Beispiel:* Meiner Meinung nach zeigt die Ballade, dass es nötig ist, Orientierungshilfen zu bekommen, um sich im Leben zurechtfinden zu können. Die Eltern sollten ihren Kindern nicht nur Ziele stecken und sie mit Geld versorgen, sondern ihnen auch die nötigen Hinweise geben, wie die Ziele erreicht werden können. Allerdings müssen die Kinder auch die Ratschläge einfordern.

## Seite 38

**1**... **Unterstreichungen:**

*Nach fünf milden und sonnigen Tagen auf der Insel zogen Wolken auf. In der Nacht regnete es und am nächsten Morgen war es zehn Grad kälter. Ich ging über den Rif, eine riesige Sandebene im Südwesten, die nicht mehr Land und noch nicht Meer ist. Ich konnte nicht sehen, wo das Wasser begann, aber es war mir, als sähe ich die Krümmung der Erde. Manchmal kreuzte ich die Spur eines anderen Wanderers. Weit und breit war kein Mensch zu sehen. Nur hier und da lag ein Haufen Tang oder ragte ein schwarzer, vom Meerwasser zerfressener Holzpfahl aus dem Boden. Irgendwo hatte jemand mit bloßen Füßen ein Wort in den feuchten Sand gestampft. Ich ging um die Schrift herum und las „ALIEN“. In der Ferne hörte ich das Fährschiff, das in einer halben Stunde anlegen würde. Es war mir, als hörte ich das monotone Vibrieren mit meinem ganzen Körper. Dann begann es zu regnen, leicht und unsichtbar, ein Sprühregen, der sich wie eine Wolke um mich legte. Ich kehrte um und ging zurück.*

*Ich war der einzige Gast in der Pension. Wyb Jan saß mit Anneke, seiner Freundin, in der Stube und trank Tee. Der Raum war voller Schiffsmodelle, Wyb Jans Vater war Kapitän gewesen. Anneke fragte, ob ich eine Tasse Tee mit ihnen trinken wolle. Ich erzählte ihnen von der Schrift im Sand.*

*„Alien“, sagte ich, „genauso habe ich mich gefühlt auf dem Rif. Fremd, als habe die Erde mich abgestoßen.“ Wyb Jan lachte und Anneke sagte: „Alien ist ein holländischer Frauenname. Alien Post ist das schönste Mädchen der Insel.“*

*„Du bist das schönste Mädchen der Insel“, sagte Wyb Jan zu Anneke und küsste sie. Dann klopfte er mir auf die Schulter und sagte: „Bei diesem Wetter ist es besser, zu Hause zu bleiben. Draußen verliert man leicht den Verstand.“*

*Er ging in die Küche, um eine Tasse für mich zu holen. Als er zurückkam, machte er Licht und sagte: „Ich werde dir einen Elektroofen ins Zimmer stellen.“ „Ich möchte wissen, wer das geschrieben hat“, sagte Anneke. „Meinst du, Alien hat endlich einen Freund gefunden?“*

**Stichworte:**

| | |
|---|---|
| Z. 1 | am sechsten Tag auf der Insel, |
| Z. 2/3 | Wetterumschwung, |
| Z. 3/4 | Spaziergang über den Rif, |
| Z. 8/9 | Einsamkeit, |
| Z. 11/12 | Schrift im Sand, |
| Z. 16 | Regen setzt ein, |
| Z. 18–20 | Rückkehr zur Pension, |
| | einziger Gast – Einsamkeit, |
| | Wyb Jan und Anneke, |
| | trinken Tee in der Stube, |
| Z. 23/24 | er erzählt von der Schrift, |
| Z. 25/26 | hat sich als Fremder gefühlt, |
| Z. 27–29 | Alien = ein Frauenname, |
| Z. 35–37 | Wyb holt ihm eine Tasse, |
| | macht Licht, |
| | verspricht Elektroofen, |
| Z. 39 | „Alien“ hat keinen Freund |

## Seite 39

**1**... *Einleitung:* Textsorte: Kurzgeschichte, Titel: Das schönste Mädchen, Autor: Peter Stamm, Thema: Einsamkeit. *Hauptteil:* Zeit: am sechsten Urlaubstag, Ort: Insel im Norden, Personen: Ich-Erzähler, Wyb Jan, Anneke, seine Freundin; Geschehen: Spaziergang des Ich-Erzählers – Einsamkeit, Schrift im Sand, Regen umhüllt den Urlauber, Rückkehr zur Pension – erzählt von der Schrift, Anneke klärt das Missverständnis, Wyb Jan bietet Tee an, verspricht Elektroofen.

**2**... *Einleitung:* Die Kurzgeschichte „Das schönste Mädchen" von Peter Stamm handelt von der Einsamkeit. *Hauptteil:* Der Ich-Erzähler ist einziger Gast in einer Pension auf einer Insel im Norden. Bei einem Strandspaziergang an seinem sechsten Urlaubstag liest er das Wort „Alien", das jemand in den Sand gestampft hat. Er deutet das Wort als Parallele zu seinem eigenen Empfinden und fühlt sich an dem menschenleeren Strand wie ein Fremder und Ausgestoßener. Zurückgekehrt in die Pension, erfährt er von Anneke, der Freundin des Wirts, dass in diesem Zusammenhang „Alien" nicht Fremder heißt, sondern dass Alien Post das schönste Mädchen der Insel ist. Wyb Jan, der Wirt, versucht, den Aufenthalt für seinen Gast behaglicher zu gestalten, weil er merkt, wie einsam und verloren sich dieser fühlt.

## Seite 40

**1**... Aus der Sicht des Ich-Erzählers/der Hauptperson/des Urlaubers.

**2**... Im ersten Teil des Textes (Z. 1–18) spielt die Handlung am Strand. Das Geschehen des zweiten Teils (ab Z. 19) findet in der Stube der Pension statt.

**3**... b) 6, c) 2, d) 3, e) 5, f) 4, g) 1.

## Seite 41

**4**... Z. 8 f.: „kein Mensch zu sehen", Z. 7 f.: „Spur eines anderen Wanderers", Z. 9–11: „Nur hier und da lag ein Haufen Tang oder ragte ein schwarzer, vom Meer zerfressener Holzpfahl aus dem Boden", Z. 13: „In der Ferne", Z. 16: „ganzen Körper", Z. 17 f.: „Sprühregen, der sich wie eine Wolke", Z. 25: „genauso habe ich mich gefühlt", Z. 26: „fremd, als habe die Erde mich abgestoßen".

**5**... Wyb Jan und Anneke
(Wirt) und (seine Freundin)

## Seite 42

**6**... Bei Wyb Jan ist es warm und gemütlich.
Er „saß mit Anneke, seiner Freundin, in der Stube und trank Tee". (Z. 19 f.)
Er bewundert Anneke und liebt sie.
Er sagt, sie sei das schönste Mädchen der Insel, und küsst sie. (Z. 30 f.)
Er ist glücklich und zufrieden, die Schiffsmodelle deuten auf ein gutes Verhältnis zu seinem Vater.
Er hat eine Freundin. Der Raum ist mit Schiffsmodellen ausgestattet, weil sein Vater Kapitän gewesen ist.
Er ist unbeschwert und fröhlich.
„Wyb Jan lachte." (Z. 27)
Er merkt, wie es um seinen Gast steht, und beruhigt ihn.
Er klopft ihm auf die Schulter und sagt, dass man bei diesem Wetter draußen leicht den Verstand verliere. (Z. 31–34)
Er weiß, was getan werden muss, damit der Gast sich nicht mehr fremd und ausgestoßen fühlt.
Er bietet Tee an, macht Licht, verspricht Elektroofen. (Z. 35–37)

**7**... Wyb Jan ist glücklich und zufrieden. Er hat eine Freundin und die Schiffsmodelle in der Stube deuten auf ein gutes Verhältnis zu seinem Vater. Er liebt seine Freundin und bewundert sie, denn er sagt, dass sie das schönste Mädchen der Insel sei, und küsst sie (Z. 30 f.). Er ist fröhlich und unbeschwert. „Wyb Jan lachte", heißt es in Z. 27. Er merkt, wie es um seinen Gast steht, klopft ihm beruhigend auf die Schulter und sagt, dass man bei diesem Wetter draußen leicht den Verstand verliere (Z. 33 f.). Er weiß, was getan werden muss, um es warm und gemütlich zu haben: Er „saß mit Anneke, seiner Freundin, in der Stube und trank Tee" (Z. 19 f.). Er bezieht den Gast mit ein, indem er Tee anbietet und Licht macht. Er verspricht einen Elektroofen, damit der Gast sich nicht fremd und ausgestoßen fühlt.

## Seite 43

**8**... Wyb Jan ist drinnen in der warmen Stube, hat ein Zuhause, fühlt sich wohl, trägt aktiv zum Wohlbefinden bei.

**9**... Der Autor Peter Stamm zeigt in seiner Kurzgeschichte zwei gegensätzliche Lebenseinstellungen. Während der Ich-Erzähler eine passive und negative Haltung dem Leben gegenüber hat, verkörpert Wyb Jan die aktive, positive Lebenseinstellung.

## Seite 43

**1**... **oben**
a) abgehackt, karg, unbeteiligt, b) ungemütlich, kalt, c) düster, negativ, d) warm, gemütlich, erlösend, Vertrauen erweckend.

**1**... **unten**
Zum Beispiel: Menschen wie Wyb Jan finden sich im Leben leichter zurecht. Sie wissen, was sie für ihr Wohlbefinden brauchen, und setzen sich dafür auch ein, während Menschen wie der Urlauber sich passiv treiben lassen und aus eigener Kraft keinen Ausweg aus ihrer Notlage suchen.

## Seite 44

**1**... **a)** Knauf,
**b)** Pedal,
**c)** Patrone

**2**... **a)** Birne,
**b)** Kasten,
**c)** Ei

**3**... **a)** Im Körperbau, die Biene hat keine „Wespentaille".
**b)** Im Verhältnis des Durchmessers zur Höhe: Tasse Ø › Höhe / Becher Ø ‹ Höhe.
**c)** In der Art des Umschlags.

## Seite 44

**1**... **unten**
Von außen nach innen, vom Großen zum Kleinen, vom Allgemeinen zum Detail.

## Seite 45

**1**... **a)** Die Mutter verwendet keine eindeutigen Begriffe.
**b)** Du entnimmst der Packung mit dem Toastbrot zwei Scheiben Brot, steckst diese in die beiden Schlitze oben auf dem Toaster, stellst den Reglerknopf auf „eins" und drückst den Schieber nach unten. Du wartest dann eine Weile; wenn die Brotscheiben fertig getoastet sind, schnellt der Schieber selbsttätig nach oben und du kannst das Toastbrot entnehmen.

**2**... Um das Handy einzuschalten, musst du die Einschalttaste mehrere Sekunden lang gedrückt halten; diese Taste ist mit einem roten Telefonhörer gekennzeichnet. Ein Schriftzug auf dem Display fordert dich dann auf, eine PIN, eine persönliche Identifizierungsnummer, einzutippen und den Vorgang mit der Doppelkreuztaste zu bestätigen. Sobald das Logo der Telefongesellschaft auf dem Display erscheint, ist das Handy einsatzbereit. Du wählst nun die gewünschte Rufnummer mit den Nummerntasten, genau wie zu Hause auf deinem Festnetztelefon, wobei du mit dem Handy in jedem Fall die Ortsvorwahl mit wählen musst, auch wenn du dich in derselben Stadt befindest. Die von dir getippten Ziffern werden auf dem Display angezeigt. Wenn du feststellst, dass du dich verwählt hast, kannst du die Ziffern mit Hilfe der C-Taste wieder löschen. Wenn du die Wähltaste mit dem grünen Telefon drückst, wird der Teilnehmer angewählt. Einfacher ist es, wenn du einen Teilnehmer anrufen möchtest, dessen Nummer bereits im Handy gespeichert ist. In diesem Fall drückst du die Taste mit dem stilisierten Buch und gibst die Anfangsbuchstaben des Teilnehmernamens ein. Der Name erscheint auf dem Display, du musst nur noch die Wähltaste drücken. Sollte ein Besetztzeichen anzeigen, dass der Angerufene bereits telefoniert, beendest du das Telefonat vorübergehend und drückst nach einigen Minuten die Wahlwiederholungstaste. Sobald sich dein Gesprächspartner meldet, solltest du darauf achten, das Handy so zu halten, dass deine Stimme gut von dem kleinen Mikrofon an der unteren Schmalseite aufgefangen wird. Um das Gespräch zu beenden, drückst du die Taste mit dem roten Telefonhörer. Wenn dich jemand auf dem Handy anrufen will, erkennst du das an dem Rufton oder an einem Vibrationsalarm, je nachdem, welche Funktion gerade eingeschaltet ist. Du kannst zur Entgegennahme des Gesprächs jede Taste drücken, mit Ausnahme der Taste, die die Gespräche beendet. Das Handy wird ausgeschaltet, indem du die Einschalttaste wiederum einige Sekunden gedrückt hältst.

## Seite 46

**1**... An diesem Spiel können *zwei* bis *vier* Personen teilnehmen. Jeder *Mitspieler* erhält vier *Spielkegel in derselben Farbe*, die am Spielbeginn jeweils in einer der vier Ecken des *Spielplanes* aufgestellt werden. Reihum wird *gewürfelt*, ein Spielkegel darf im Uhrzeigersinn um so viele Felder *nach vorne gerückt werden*, wie es der gewürfelten Zahl *entspricht*. Wenn das so erreichte Feld auf dem Brett bereits von dem Kegel eines Mitspielers besetzt ist, so muss dieser *seinen Kegel auf die Ausgangsposition zurücknehmen*. Gewonnen hat der Mitspieler, der das Spielfeld mit allen vier Kegeln einmal *umrundet* und die vier Spielfiguren in ihrem „Hafen" unterbringt; dieser Hafen befindet sich *innerhalb des Kreuzes, das von den Spielfeldern gebildet wird, und zwar jeweils rechts neben der Ausgangsposition*.

**2**... Halma ist ein Brettspiel für zwei bis vier Personen. Es wird meist auf einem schachbrettartigen Spielfeld mit 289 Quadraten gespielt. In den vier Ecken des Brettes befinden sich die „Höfe", je dreizehn farbig markierte Felder, die die Spieler am Spielbeginn mit ihren Kegeln besetzen. Das Ziel des Spieles besteht darin, möglichst alle dreizehn Kegel in dem gegenüberliegenden Hof unterzubringen. Es wird reihum gezogen. Der Spieler darf jeweils einen Kegel ein Quadrat nach vorne rücken oder eine – eigene oder fremde – Figur überspringen, wenn das dahinter liegende Quadrat frei ist. Mehrere freie Felder erlauben „Ketten" aus mehreren Sprüngen hintereinander; dabei darf aber pro Einzelsprung immer nur ein Kegel übersprungen werden. Ein geschicktes Platzieren der eigenen Kegel ermöglicht ein rasches Vorwärtskommen; die gegnerische Kette kann durch einen eigenen Spielkegel blockiert werden. Wer zuerst alle eigenen Kegel in dem Zielhof untergebracht hat, hat das Spiel gewonnen.

## Seite 47

**1**... Es handelt sich um eine Herrenarmbanduhr mit einem schwarzen Lederband. Der Durchmesser des Zifferblatts beträgt ungefähr vier Zentimeter. Auf dem Zifferblatt befinden sich ganz außen immer abwechselnd vier dünne Striche und ein dicker Strich zur Angabe der Minuten und unter jedem dicken Strich die Stundenangaben mit den Ziffern eins bis zwölf. Der Minutenzeiger reicht bis auf die Minutenstriche, der Stundenzeiger bis zu den Ziffern. Unter die Zwölf wurde das Logo der Herstellerfirma – vier kleine Zahnräder – gedruckt. Das Datum kann in einem kleinen Rahmen abgelesen werden, der sich über der Sechs befindet, und darüber lesen wir die Worte „RADIO CONTROLLED“ in Großbuchstaben.

## Seite 48

**1**... *Körperbau:* wie eine Bohnenstange, dürr, athletisch, winzig, zierlich, untersetzt, massig, hünenhaft, schlank wie ein Fotomodell, korpulent, dick, untersetzt, füllig, kleinwüchsig ...

*Kopfform:* rund, oval, eckig, dreieckig, Wasserkopf, totenkopfähnlich zusammengeschrumpft, eiförmig, abgeplattet, als ob ihn jemand flach geklopft hätte, schief ...

*Haare:* blond, semmelblond, hellblond, Farbe wie Sonnenblumen, dunkelblond, pechschwarz, spärlich, schütter, dicht, kraus, glatt, eine wilde Mähne, schulterlang, raspelkurz ...

*Nase:* Stupsnase, Römernase, knubbelig, gebogen, gerade, schief, spitz, stumpf, auffällig vorspringend, fleischig, knochig ...

*Augen:* Schlitzaugen, Kuhaugen, tellerrund, weit auseinanderstehend, dunkelbraun, wasserhell, stechender Blick, verschlafen, halb geschlossen ...

*Kleidung:* sorgfältig, edel, maßgeschneiderter Anzug, Gammellook, vernachlässigt, schick, modisch, altmodisch, betont weiblich, aufreizend, unauffällig, sportlich, elegant, geschäftsmäßig ...

*besonders auffällige Merkmale:* Operationsnarbe, Narbe von einer Sportverletzung, Piercing im linken Nasenflügel, Tattoo auf dem rechten Oberarm ...

## Seite 49

**2**... Bei der Person auf diesem Foto handelt es sich um eine junge Frau von ungefähr sechzehn Jahren.
Ihr Gesichtsausdruck erscheint gleichzeitig amüsiert und etwas skeptisch. Dieser Eindruck wird vor allem durch die zu Schlitzen verengten Augen und den zu einem leichten Lächeln in die Breite gezogenen Mund hervorgerufen. Die Nase ist kurz und relativ breit, die verhältnismäßig großen Nasenlöcher sind deutlich zu erkennen. Die junge Frau trägt eine modische Kurzhaarfrisur mit einem links tief angesetzten Seitenscheitel und nach rechts gekämmten, stufig geschnittenen und mit blonden Strähnen aufgehellten Haaren, die auf der Höhe des rechten Backenknochens in einer Spitze enden.
Da die Person sich in eine weit geschnittene Outdoor-Jacke gehüllt hat, kann ihre Figur nicht genau beschrieben werden. Im Kragenausschnitt der Jacke ist ein Pullover zu erkennen, der durch einen Reißverschluss mit einem auffällig breiten Zipper geschlossen wird. Die Frau trägt eng geschnittene Jeanshosen und mehrfarbige Turnschuhe. Der rechte Arm hängt locker herab, die Finger der rechten Hand sind entspannt leicht gekrümmt. Der linke Unterarm stützt sich auf eine voluminöse, aber nicht prall gefüllte Sport- oder Reisetasche, deren Trageriemen auf der linken Schulter aufliegt, die linke Hand ist um den Karabinerhaken geschlossen, mit dem der Riemen an der Tasche befestigt wird.
Insgesamt wirkt die junge Frau sportlich und zielbewusst, wenn sie mit einem energischen Schritt, das rechte Bein kräftig nach vorne gestreckt, über eine Brücke marschiert.

## Seite 50

**1**... 1 = E, 2 = I, 3 = A, 4 = F, 5 = C, 6 = H, 7 = D, 8 = B, 9 = G

## Seite 51

**1**... Lösungsmöglichkeit:
Schulleiterin leicht verletzt
Ein Unfall störte am vergangenen Freitag die Feierlichkeiten zum vierzigjährigen Bestehen der Kaufmännischen Kreisberufsschule in Mahlberg. Als Frau Oberstudiendirektorin Kranz gegen 17.30 Uhr ihre Begrüßungsansprache beendet hatte und das Rednerpodium verlassen wollte, stürzte sie über ein Lautsprecherkabel und zog sich Schürfwunden und Prellungen an Armen und Beinen zu. Sie wurde von den anwesenden Rettungssanitätern der Berufsfeuerwehr versorgt und konnte nach einer kurzen Erholungspause in ihrem Rektorat an den weiteren Feierlichkeiten wieder teilnehmen.
Etwa 800 Gäste, Politiker aus dem Kreis Mahlberg, Lehrerinnen und Lehrer der Schule, Schülervertreter und etliche „Ehemalige“, hatten sich auf Einladung der Schulverwaltung versammelt, um „erfolgreiche Jahrzehnte schulischer Arbeit“ gemeinsam zu feiern, wie Frau Kranz vor ihrem Sturz in ihrer Rede ausführte. Es sei der Schule gelungen, den Anforderungen an die berufliche und die allgemeine Bildung junger Menschen gerecht zu werden und die Herausforderungen zu meistern, die die neuen Informationstechnologien vor allem in den kaufmännischen Berufen darstellen.
Ein von Schülerinnen und Schülern gestaltetes bun-

tes Kulturprogramm und eine Disko, in der sogar Oberbürgermeister Dietmar Hetter das Tanzbein schwang, rundeten die Feierlichkeiten ab, die gegen halb elf Uhr abends zu Ende gingen.

## Seite 53

**1**... Was ist geschehen? – Ein Sportunfall.
Wann ist es geschehen? – 30. Juli 20.., etwa 11.50 Uhr.
Wo ist es geschehen? – Sporthalle des Kaufmännischen Berufsschulzentrums Konradshausen.
Wer war an dem Vorfall beteiligt? – Die Schülerinnen Jutta Kern und Hella Michel.
Wie ist es geschehen? – Jutta Kern stürzte beim Barrensprung.
Warum kam es zu dem Unfall? – Die Schülerin blieb mit dem Bein am Barrenholm hängen.
Welche Folgen hatte der Unfall? – Möglicherweise Beckenbruch.

**2**... Lösungsmöglichkeit:
Der Sportunfall ereignete sich am 30. Juli 20.. etwa um 11.50 Uhr in der Sporthalle des Kaufmännischen Berufsschulzentrums Konradshausen. Beim Sprung über den Barren blieb die Schülerin der Wirtschaftsschule Jutta Kern mit dem linken Bein am Holm hängen und stürzte zu Boden. Die zur Hilfestellung eingeteilte Mitschülerin Hella Michel konnte den Sturz nicht verhindern. Die herbeigerufenen Rettungssanitäter vermuteten, dass sich Jutta Kern einen Beckenbruch zugezogen habe.

## Seite 54

**1**... **oben**
b) Entschuldigung wegen Fehlens, c) Antrag auf Genehmigung einer Klassenfahrt, d) Bitte um Freistellung wegen einer Familienfeier, e) Beschwerde wegen defektem Monitor, f) Information über Änderung des Kfz-Kennzeichens, g) Kündigung der Mitgliedschaft, h) Antrag auf einen Jugendtreff.

**1**... **unten**
2. Datum nach der (neuen) europäischen Norm: Jahr – Monat – Tag. 3. Betreffzeile: ohne „Betr.:", kann fett gedruckt werden, ohne Satzzeichen. 4. Persönliche Anrede: Herr/Frau, ggf. akademischer Titel, ohne Vornamen, mit Komma. 5. Text beginnt klein (außer bei Nomen und Anredepronomen), einzeilig. 6. Absätze zwischen unterschiedlichen Aspekten: Übersichtlichkeit. 7. Bei Aufzählungen: Spiegelstriche: Übersichtlichkeit. 8. Gruß: ebenfalls linksbündig, ohne Komma. 9. Anlage(n) im Fettdruck, darunter Nennung des Dokuments/der Dokumente.

## Seite 56

**1**... B + D: *Lage der Unterkunft:* in der Nähe einer S-Bahn-Station mit Einkaufsmöglichkeiten in der näheren Umgebung. A + E: *Zimmer:* mit 2 oder 3 Betten, mit Dusche und WC. C + F: *Anreise:* Abfahrt ca. 8.00 Uhr, gewünschte Ankunft: ca. 17.00 Uhr, *Abreise:* ca. 14.00 Uhr.

**2**... a) Wir würden uns riesig freuen, wenn Sie uns die Klassenreise nach London genehmigen könnten.
b) Bitte haben Sie Verständnis dafür, dass ich an der Hochzeit meines Bruders gern teilnehmen würde.
c) Ich bin zuversichtlich, dass Sie die Reparatur des Gerätes in Ihrer Werkstatt mit Erfolg durchführen werden.

## Seite 57

**1**... **a)** Bestehender Jugendtreff zu klein und zu früh am Abend geschlossen. Neuer Treff ideal wegen Größe (vielfältige Nutzung) und Lage (keine Lärmbelästigung wegen ausreichender Entfernung vom Wohngebiet). Schaffung von Freizeiteinrichtungen für Jugendliche durch die Stadt.
**b)** Im vorletzten Abschnitt der 2. Satz: „die Stadt hätte die Gelegenheit", denn „die Stadt" steht für die Oberbürgermeisterin.
**c)** „Gerne" am Satzanfang zeigt, wie sehr den Jugendlichen das Anliegen am Herzen liegt. Die Bitte um „Zeit" drückt Höflichkeit und Bescheidenheit aus, denn Frau Dr. Merk ist vermutlich eine viel beschäftigte Frau.

**2**... **a)** Nutzung des EU-Programms zur Förderung eines vereinten Europas. Erweiterung der Englischkenntnisse, besonders im beruflichen Bereich. Förderung von Qualifikationen wie Flexibilität und Selbstständigkeit. Kennenlernen der Arbeitsweise anderer Firmen.

**b)** Elmar Mustermann
Schneiderstr. 12
22395 Hamburg
•
•
•
• 20..–10–23
•
•
Spedition Barth & Söhne
z. Hd. Herrn Schmied
Strohhausstr. 23–25
20097 Hamburg
•
•
•
•

# Spracherfahrungen

## Deutsch für berufliche Schulen · Neue Ausgabe

## Arbeitsheft

Erarbeitet von
Jakobe Flachsenberg,
Karin Julia Marten,
Hannelore Martzy

Cornelsen

# Inhalt

# Schaubilder

## Interpretation eines Schaubildes

Schaubilder zeigen einen Sachverhalt in einem grafischen Bild und sollen dabei eine wichtige Tatsache verdeutlichen oder auf eine besondere Problematik hinweisen.
Um die Darstellung eines Schaubildes richtig zu verstehen, kommt es darauf an, die Grafik genau zu betrachten, die Bezugsgrößen (Zeit, Mengenangaben) zu beachten und die Aussage des Bildes zu erfassen.

Beantworten Sie jeweils in einem kurzen ausformulierten Text die unten genannten Fragen zu den Schaubildern. Schreiben Sie Ihre Texte auf ein gesondertes Blatt Papier.

### Geburten in Deutschland

je 1000 Einwohner und Jahr (Lebendgeborene)

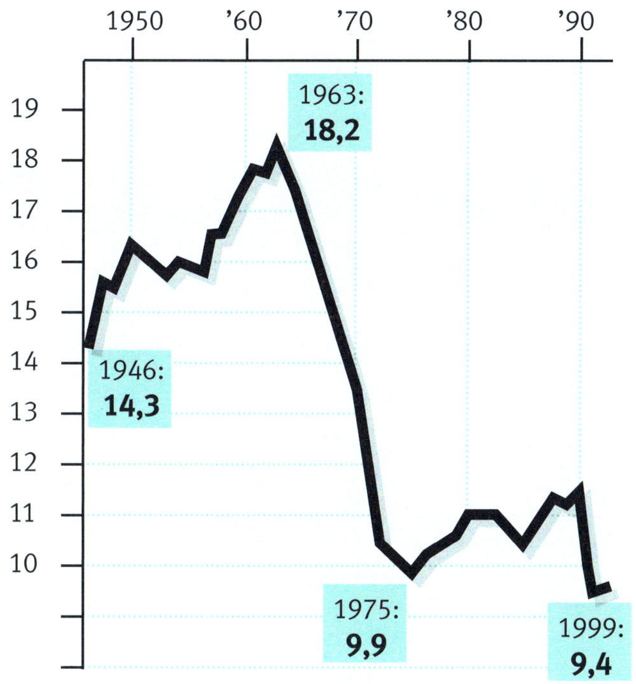


### Werbeschlacht der Autoriesen

Werbeausgaben je Neuwagen in Mark

*(Gesamtwerbeausgaben in Millionen Mark)*

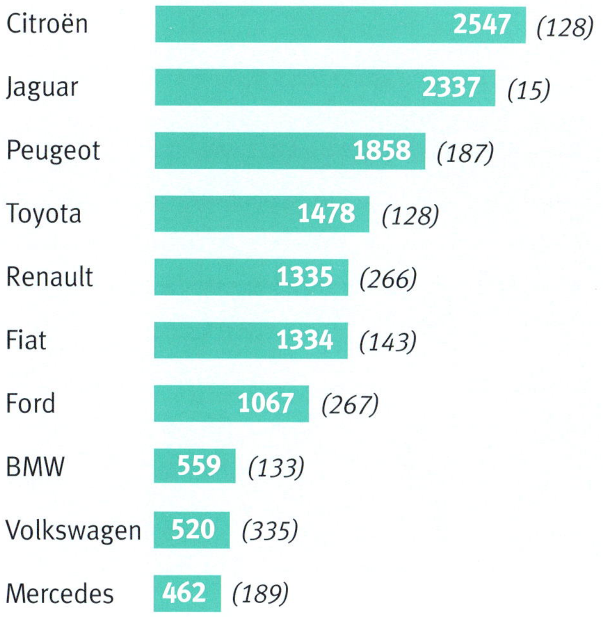


**1**... a... Was wird im Bild links dargestellt?

b... Welche Informationen lassen sich aus dem Verlauf der Kurve ablesen?

c... An welchen Stellen ist das Zahlenmaterial besonders auffällig?

d... Auf welche Problematik macht das Schaubild aufmerksam?

**2**... a... Was wird im Bild rechts dargestellt?

b... Was bedeuten die Zahlen in den Säulen, was die Zahlen in Klammern?

c... In welchem Verhältnis stehen die obersten zu den untersten Zahlenangaben?

d... Welche Schlussfolgerungen lässt die Grafik zu?

## Beispiele für Schaubildformen

Schaubilder ermöglichen eine schnelle Erfassung des Wesentlichen und eine rasche Übersicht über Größenverhältnisse, aber sie erlauben keine allzu detaillierte Darstellung; die bleibt einem ausformulierten Text vorbehalten. Für eine umfassende Information wird daher in der Regel beides verwendet: Das Schaubild ergänzt den Text und umgekehrt. Die mathematisch korrekte Umsetzung von Daten in eine Grafik übernimmt heute in der Regel eine Computersoftware.
Welche Schaubildform verwendet wird, hängt von dem Sachverhalt ab, der in der Grafik veranschaulicht werden soll.

**Tabelle:**
+ Gibt exakte Zahlen wieder, kann große Datenmengen liefern.
– Kann durch viel Information verwirren, Irrtum durch „Verrutschen“.

| | A | B | C | D |
|---|---|---|---|---|
| I | 1 | 6 | 7 | 8 |
| II | 1 | 4 | 5 | 6 |
| III | 5 | 9 | 2 | 6 |
| IV | 1 | 4 | 6 | 0 |
| V | 2 | 8 | 7 | 3 |

**Kurvendiagramm:**
+ Zeigt Entwicklungen im zeitlichen Verlauf.
– Ermöglicht Manipulation der Aussage durch Wahl der Achsenteilung.

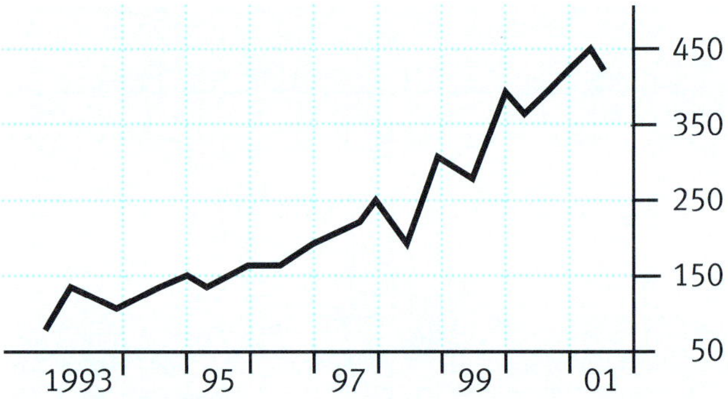


**Balkendiagramm:**
+ Liefert anschaulichen Größenvergleich.
– Kann nur eine augenblickliche Situation wiedergeben.

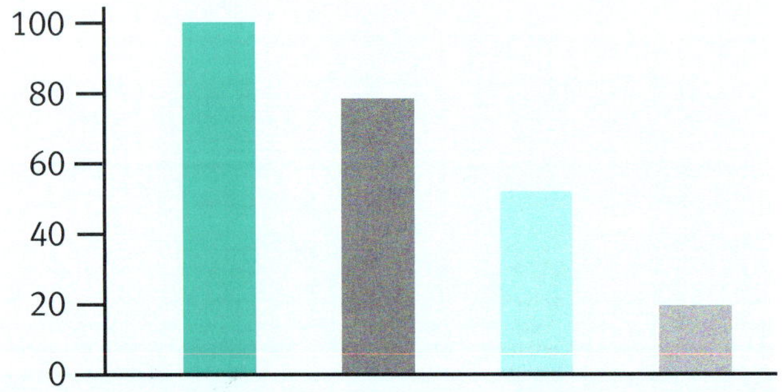


**Kreisdiagramm:**
+ Stellt eine Gesamtheit und deren Bestandteile dar.
– Nur für eine begrenzte Anzahl von Teilmengen geeignet.

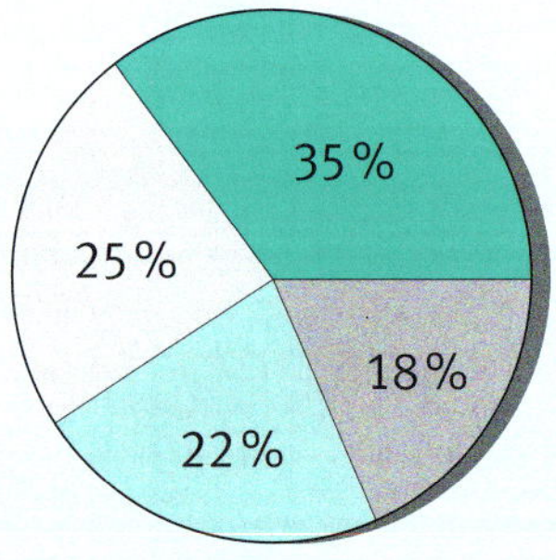


**Organigramm:**
+ Kann komplexe Zusammenhänge darstellen.
– Bedeutung der Symbole kann missverständlich sein.

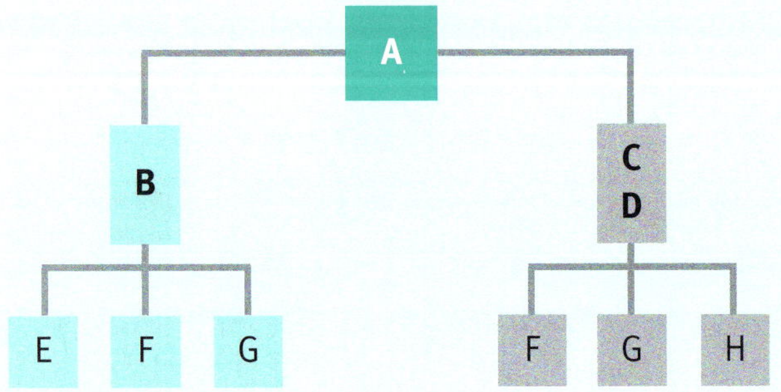


**Ablaufplan:**
+ Verdeutlicht einen Vorgang.
– Gefahr einer unzulässigen Vereinfachung.

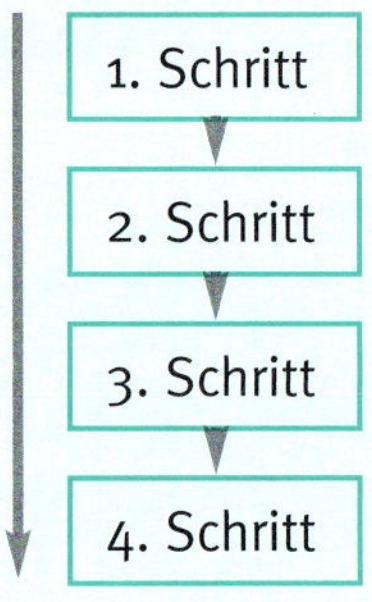

**1**... Entscheiden Sie, welche Darstellungsform für die folgenden Sachverhalte am besten geeignet ist. Es sind zum Teil mehrere Formen denkbar.

| | Tabelle | Kurve | Balken | Kreis | Organigr. | Ablauf |
|---|---|---|---|---|---|---|
| *a) Verteilung der Sitze in einem Parlament auf die gewählten Parteienvertreter/-innen* | ☐ | ☐ | ☐ | ☐ | ☐ | ☐ |
| *b) Aufgabenverteilung innerhalb der Leitung einer großen beruflichen Schule* | ☐ | ☐ | ☐ | ☐ | ☐ | ☐ |
| *c) Kursentwicklung einer Aktie* | ☐ | ☐ | ☐ | ☐ | ☐ | ☐ |
| *d) Preise für die Extraausstattungen an einem Automobil* | ☐ | ☐ | ☐ | ☐ | ☐ | ☐ |
| *e) Planung eines großen Schulfestes nach der Abschlussprüfung* | ☐ | ☐ | ☐ | ☐ | ☐ | ☐ |
| *f) Anteil der Schülerinnen und Schüler verschiedener Schularten an einer beruflichen Schule* | ☐ | ☐ | ☐ | ☐ | ☐ | ☐ |

**2**... Stellen Sie den folgenden Sachverhalt in geeigneter Weise als Schaubild dar.

*Die Organe der Schülermitverantwortung sind die Klassenschülerversammlung sowie die Klassensprecher als Schülervertreter im Schülerrat. Die Klassenschülerversammlung besteht aus allen Schülern der Klasse. Jede Klasse wählt einen Klassensprecher und seinen Stellvertreter. Alle Klassensprecher der Schule bilden den Schülerrat. Der Schülerrat wählt den Schülersprecher und seinen Stellvertreter sowie die drei Vertreter der Schüler in der Schulkonferenz.*

**Die Schülermitverantwortung (SMV)**

# Inhaltsangabe von pragmatischen Texten (Sachtexten)

Wie eignet man sich Wissen an? Vor allem durch Lesen! Egal, ob es Texte aus dem Internet, aus Büchern, Zeitschriften oder aus der Tageszeitung sind. Mit der richtigen Lesetechnik können Sie schnell und sicher die wichtigen Informationen herausfiltern und so aufbereiten, dass sie wirklich in Ihren Wissensschatz eingehen. Bevor Sie sich jedoch mit der richtigen Lesetechnik beschäftigen, machen Sie zunächst einen Test, um herauszufinden, wie gut Sie bisher lesen und verstehen konnten.

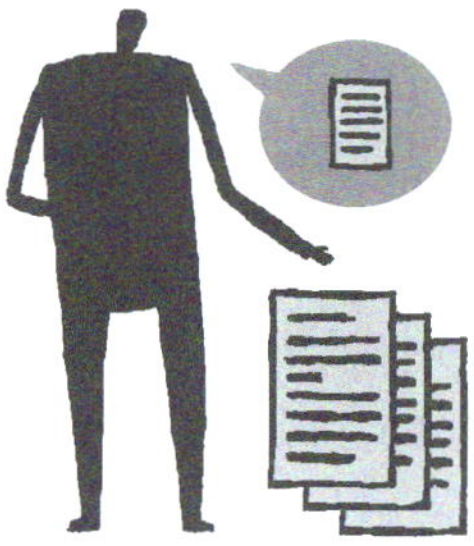

## Lesefitness-Test

Für den Test brauchen Sie eine Uhr mit Sekundenanzeige, einen Bleistift, einen blauen und einen roten Stift.
Der Test besteht aus vier Schritten. Hier zunächst die ersten drei:

**1. Schritt:**
- Lesen Sie den unten stehenden Zeitungsbericht *einmal* durch, ohne vorher die Aussagen auf S. 7 anzuschauen (klappen Sie diese Seite nach hinten).
- Kreuzen Sie dann auf S. 7 aus dem Gedächtnis (S. 6 nach hinten klappen) mit Bleistift die Bewertung „stimmt", „stimmt nicht" oder „stimmt teilweise" an. Machen Sie nur dann ein Kreuz, wenn Sie meinen, die Antwort zu wissen. (Achtung: Die Richtigkeit wird erst *nach* Schritt 2 überprüft.)
- Stoppen Sie dabei die Zeit und tragen Sie diese (z.B. 2 Min. 30 Sek.) in das entsprechende Kästchen im Diagnosefeld (S. 7) ein.
- Zählen Sie, wie viele der Aussagen Sie gar nicht bewerten konnten, und tragen Sie diese Zahl ebenfalls ins Diagnosefeld ein (Richtigkeit wird später überprüft).

**2. Schritt:** Gehen Sie – mit dem blauen Stift – ein zweites Mal durch den Aussagenkatalog, diesmal *mit* Blick auf den Text, und überprüfen Sie Ihre Bewertungen. Stoppen Sie die Zeit. Ermitteln Sie dann, wie viele Antworten Sie geändert bzw. überhaupt erst angekreuzt haben, und tragen Sie diese Zahl sowie die gestoppte Zeit in das Diagnosefeld ein.

**3. Schritt:** Vergleichen Sie nun – mit dem roten Korrekturstift in der Hand – Ihre Bewertungen aus Schritt 1 und Schritt 2 mit den Lösungen und ermitteln Sie jeweils die Zahl der richtigen Antworten, die Sie ebenfalls ins Diagnosefeld eintragen.

### Die Zeitung hat Zukunft

Dem Fernsehen mit Reportagen Paroli bieten

*Das Medium Zeitung hat allen Unkenrufen zum Trotz eine Zukunft. Doch um die Jugend muss es weiterhin kämpfen.*

MAINZ – Die Zukunft des Mediums Zeitung ist gesichert. Einziger Wermutstropfen: Die Jugend wendet sich zunehmend davon ab. Auch müssten die Zeitungsverlage die verschiedenen Medien – allen voran das Internet – besser mit dem geschriebenen Wort verknüpfen.

Das war das Fazit einer Podiumsdiskussion beim Kongress des Bundesverbandes deutscher Zeitungsverleger (BDZV) gestern in Mainz. Wie die jungen Leser zu gewinnen seien, darauf wussten Verleger, Chefredakteure und Meinungsforscher keine verbindlichen Antworten. Die Blätter müssten die Interessen der Jugend mit mehr Service und lokaler Vor- und Nachberichterstattung noch besser in den Fokus nehmen, sagte BDZV-Präsident Helmut Heinen.

„Tagesspiegel"-Herausgeber Hellmuth Karasek lobte die auch im Online-Zeitalter ungebrochene Bindung vieler Familien über Generationen hinweg an ihre Zeitung. Sie liefere nicht nur Hintergründe, sondern gebe dem Leser auch wie eine „Solidarisierungsmaschine" Sicherheit in seiner Meinung. Die größere Verbreitung des Fernsehens habe der Zeitung insgesamt nicht geschadet, sagte Karasek. Sie habe zu einem „Siegeszug der Reportagen und Seite-drei-Geschichten" in den Blättern geführt.

Rüdiger Schulz vom Allensbach-Institut berichtete allerdings von einem überdurchschnittlichen Reichweitenverlust von rund einem Prozent im Jahr bei den 14- bis 29-Jährigen. Vor allem die Politik werde ausgeblendet und auch die Wirtschaftsteile sprächen die Jüngeren offensichtlich kaum an.

Jugendforscher Jens Lönneker sagte, dass Zeitunglesen traditionell häufig mit dem Frühstück oder dem Weg zur Arbeit verbunden sei. In den Großstädten hätten Jüngere aber ihre Lebensgewohnheiten geändert. Oft werde nicht oder hastig gefrühstückt. Solche Veränderungen beeinflussten den Zeitungsabsatz. Reporter sollten häufiger ihr eigenes Empfinden bei Reportagen darstellen. „Jugendliche achten mehr auf die Innenwelt."

*dpa*

*aus: Südwest Presse v. 18. 10. 2000*

| Nr. | Aussage | stimmt | stimmt nicht | stimmt teilweise |
|---|---|---|---|---|
| 1. | *Der Artikel berichtet von einer Tagung des Bundesverbandes deutscher Zeitungsverleger.* | ☐ | ☐ | ☐ |
| 2. | *An dem Kongress haben außer Zeitungsverlegern noch Meinungsforscher teilgenommen.* | ☐ | ☐ | ☐ |
| 3. | *Das Hauptergebnis der Tagung ist: Das Medium Zeitung hat eine gute Zukunft.* | ☐ | ☐ | ☐ |
| 4. | *Meinungsforscher bezeichnen als Jugendliche die 14- bis 25-Jährigen.* | ☐ | ☐ | ☐ |
| 5. | *Jugendliche lesen immer weniger Zeitung.* | ☐ | ☐ | ☐ |
| 6. | *Viele Jüngere lesen beim Frühstück Zeitung.* | ☐ | ☐ | ☐ |
| 7. | *Jugendliche interessieren sich kaum für die Politikseiten, dafür aber umso mehr für den Wirtschaftsteil der Zeitung.* | ☐ | ☐ | ☐ |
| 8. | *Um jugendliche Leser zu gewinnen, müssen Journalisten ihre Arbeit mehr auf deren Interessen ausrichten.* | ☐ | ☐ | ☐ |
| 9. | *Die Zeitungen verlieren pro Jahr etwa 5% der jugendlichen Leserschaft.* | ☐ | ☐ | ☐ |
| 10. | *Das Fernsehen hat im Wettlauf der Medien die Zeitung zurückgedrängt.* | ☐ | ☐ | ☐ |
| 11. | *Die Kongressteilnehmer konnten keinen klaren Maßnahmenkatalog zur Gewinnung jugendlicher Zeitungsleser erstellen.* | ☐ | ☐ | ☐ |
| 12. | *Eine Ursache für die sinkende Zahl jüngerer Zeitungsleser ist die Tatsache, dass heute für den Weg zur Arbeit mehr das Auto als der Bus oder der Zug benutzt wird.* | ☐ | ☐ | ☐ |
| 13. | *Eine Folge von höherem Fernsehkonsum ist ein geringeres Interesse an Zeitungsreportagen.* | ☐ | ☐ | ☐ |
| 14. | *Viele Familien bleiben trotz Internet bei der Tageszeitung, die schon die Eltern und Großeltern gelesen haben.* | ☐ | ☐ | ☐ |
| 15. | *Zeitungsreporter sollten ihre eigenen Gefühle eher zurückhalten, damit Jugendliche ihre Texte interessant finden.* | ☐ | ☐ | ☐ |

**Diagnosefeld**

**1. Schritt:**

Zeit: .......... Min. .......... Sek.

Zahl der **nicht** bewerteten Fragen ..........

**2. Schritt:**

Zeit: .......... Min. .......... Sek.

Zahl der geänderten und erst jetzt bewerteten Fragen ..........

**3. Schritt:**

Zahl der richtig bewerteten Fragen (S. 6) ..........

Zahl der richtig bewerteten Fragen (S. 7) ..........

Die Bewertung Ihrer Leseleistung finden Sie im Lösungsheft.

**4. Schritt:** Finden Sie zu jeder Aussage die entsprechende Textstelle. (Notieren Sie nur die Zeilenangaben.)

| | | | | |
|---|---|---|---|---|
| Nr. 1: .......... | Nr. 2 .......... | Nr. 3: .......... | Nr. 4: .......... | Nr. 5: .......... |
| Nr. 6: .......... | Nr. 7: .......... | Nr. 8: .......... | Nr. 9: .......... | Nr. 10: .......... |
| Nr. 11: .......... | Nr. 12: .......... | Nr. 13: .......... | Nr. 14: .......... | Nr. 15: .......... |

## Inhaltsangabe eines Zeitungsberichtes

### Aktives Lesen

Wer den Inhalt eines Textes sicher erfassen möchte, benötigt Bleistift, Lineal und Stifte in unterschiedlichen Farben. Gehen Sie folgendermaßen vor:

1. Lesen Sie den Text genau durch und markieren Sie am Rand mit Symbolen (z. B. **?, →**) unbekannte Wörter (nachschlagen).
2. Lesen Sie den Text ein weiteres Mal und unterstreichen Sie mit unterschiedlichen Farbstiften das Wesentliche. Das können die folgenden Aufbaubestandteile sein: Thema/These/Behauptung, der Anlass, die Personen, Ursachen/Gründe, Folgen/Auswirkungen, Maßnahmen/Lösungen, Ratschläge/Vorschläge/Forderungen, Belege: Beispiele/Vergleiche/Fakten (z. B. Statistik), Vorteile/Nachteile/Chancen/Risiken, Appelle/Warnungen/Hoffnungen/Befürchtungen.
3. Benennen Sie am Rand an den entsprechenden Stellen diese Aufbaubestandteile.
4. Schreiben Sie am Rand den Inhalt in Stichworten (möglichst mit eigenen Formulierungen) heraus.

| Textbeispiel | Aufbaubestandteile | Inhalt in Stichworten |
|---|---|---|
| (Das war das Fazit einer Podiumsdiskussion beim Kongress des Bundesverbandes deutscher Zeitungsverleger (BDZV) …) | Anlass | Tagung des BDZV |

# Die Zeitung hat Zukunft

## Dem Fernsehen mit Reportagen Paroli bieten

*Das Medium Zeitung hat allen Unkenrufen zum Trotz eine Zukunft. Doch um die Jugend muss es weiterhin kämpfen.*

MAINZ – Die Zukunft des Mediums Zeitung ist gesichert. Einziger Wermutstropfen: Die Jugend wendet sich zunehmend davon ab. Auch müssten die Zeitungsverlage die verschiedenen Medien – allen voran das Internet – besser mit dem geschriebenen Wort verknüpfen. Das war das Fazit einer Podiumsdiskussion beim Kongress des Bundesverbandes deutscher Zeitungsverleger (BDZV) gestern in Mainz. Wie die jungen Leser zu gewinnen seien, darauf wussten Verleger, Chefredakteure und Meinungsforscher keine verbindlichen Antworten. Die Blätter müssten die Interessen der Jugend mit mehr Service und lokaler Vor- und Nachberichterstattung noch besser in den Fokus nehmen, sagte BDZV-Präsident Helmut Heinen.

„Tagesspiegel"-Herausgeber Hellmuth Karasek lobte die auch im Online-Zeitalter ungebrochene Bindung vieler Familien über Generationen hinweg an ihre Zeitung. Sie liefere nicht nur Hintergründe, sondern gebe dem Leser auch wie eine „Solidarisierungsmaschine" Sicherheit in seiner Meinung. Die größere Verbreitung des Fernsehens habe der Zeitung insgesamt nicht geschadet, sagte Karasek. Sie habe zu einem „Siegeszug der Reportagen und Seite-drei-Geschichten" in den Blättern geführt.

Rüdiger Schulz vom Allensbach-Institut berichtete allerdings von einem überdurchschnittlichen Reichweitenverlust von rund einem Prozent im Jahr bei den 14- bis 29-Jährigen. Vor allem die Politik werde ausgeblendet und auch die Wirtschaftsteile sprächen die Jüngeren offensichtlich kaum an.

Jugendforscher Jens Lönneker sagte, dass Zeitunglesen traditionell häufig mit dem Frühstück oder dem Weg zur Arbeit verbunden sei. In den Großstädten hätten Jüngere aber ihre Lebensgewohnheiten geändert. Oft werde nicht oder hastig gefrühstückt. Solche Veränderungen beeinflussten den Zeitungsabsatz. Reporter sollten häufiger ihr eigenes Empfinden bei Reportagen darstellen. „Jugendliche achten mehr auf die Innenwelt."

*dpa*

Bearbeiten Sie den links stehenden Text in folgenden Schritten:

**1...** Markieren Sie unbekannte Wörter und unterstreichen Sie die Personen(gruppen).
**Tipp:** Wählen Sie für jede Person oder Personengruppe jeweils eine eigene Farbe.

**a...** Kontrollübung „unbekannte Wörter": Setzen Sie in den folgenden Lückentext die passenden Begriffe ein; zum Teil werden es die sein, die Sie als unbekannt markiert haben.

*Ein Ergebnis ist ein ............ (1). Wenn etwas Negatives eine positive Aussage einschränkt, bezeichnet man dies als ............ (2). Ein anderes Wort für „Zeitungen" ist hier ............ (3). Die gleiche Zeitung zu lesen schafft ein Gefühl der Zusammengehörigkeit; deshalb wird die Zeitung hier auch eine ............ (4) genannt. Zeitungstexte über Ereignisse, die in der eigenen Umgebung stattfinden, fasst man als ............ (5) Berichterstattung zusammen. ............ (6) bedeutet hier, dass die Zeitung Zukunft hat, obwohl manche Leute das Gegenteil behaupten. Etwas (hier: die Interessen der Jugend) in das Zentrum der Aufmerksamkeit stellen heißt ............ (7). ............ (8) ist der Name des führenden Meinungsforschungsinstituts in Deutschland. Widerstand entgegensetzen heißt ............ (9). Das Fremdwort für „Tagung" ist ............ (10).*

**b...** Kontrollfrage „Personen(gruppen)": Wie viele haben Sie herausgefunden? ............

**2... a...** Füllen Sie die Spalten „Aufbaubestandteile" und „Inhalt in Stichworten" aus, indem Sie folgende Fragen beantworten:

a) Welche *These* vertreten die Kongressteilnehmer in Sachen Zeitung? (Taucht dreimal auf.)
b) Was *schränkt* diese (positive) These *ein* (an zwei Stellen)? Welche *Forderung* ergibt sich daraus?
c) Haben sich die Experten auf verbindliche *Maßnahmen* geeinigt?
d) Welchen *Vorschlag* zur Gewinnung jugendlicher Leser macht der BDZV-Präsident?
e) Worin sieht Hellmuth Karasek die *Ursache* für die gesicherte Zukunft der Zeitung?
f) Welche beiden *Vorteile* der Zeitung nennt Hellmuth Karasek als *Ursachen* dafür, dass trotz Internet noch immer viele Menschen Zeitung lesen?
g) Welche *Behauptung* stellt er in Bezug auf die Medien TV und Zeitung auf?
h) Wie *belegt* er seine Behauptung?
i) Wie *belegt* der Meinungsforscher die eingeschränkte These, dass immer weniger Jugendliche Zeitung lesen?
j) Welche *Gründe/Ursachen* für dieses sinkende Interesse nennt er?

**b...** Formulieren Sie drei Fragen für den letzten Abschnitt selbstständig.

............

............

............

............

## Stoffsammlung als Schaubild

Bevor Sie die Inhaltsangabe eines pragmatischen Textes (Sachtextes) formulieren, machen Sie eine Stoffsammlung mit Hilfe eines Schaubildes.
Setzen Sie das Thema/die These in die Mitte und gruppieren Sie drumherum die Personen/Personengruppen und die jeweils dazugehörenden Ursachen/Gründe, Maßnahmen usw.

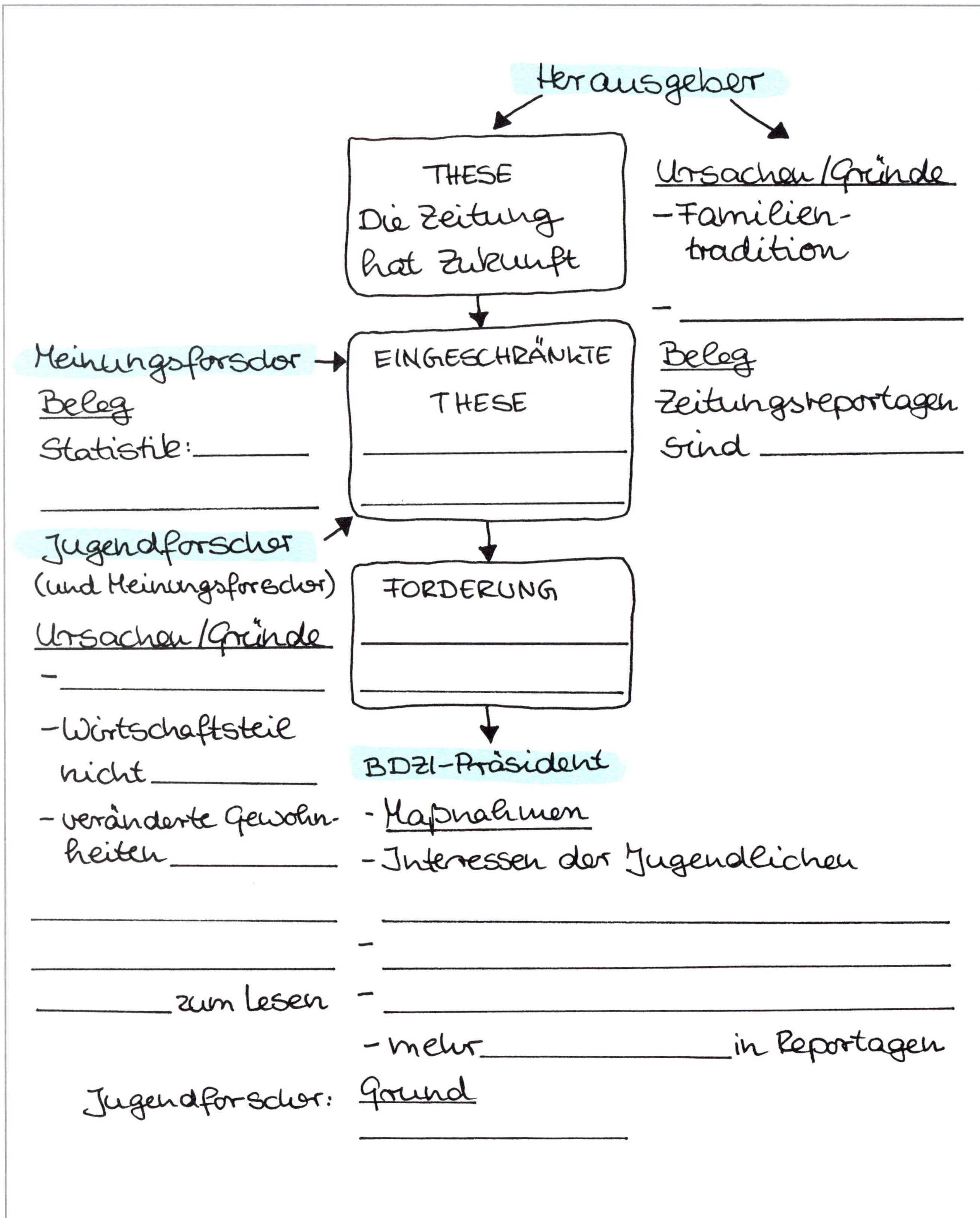

## Einleitung

Nennen Sie in der Einleitung Textsorte (1), Titel (2), Namen des Verfassers oder der Presseagentur (z. B. dpa) (3), Erscheinungsort und -datum (4), Anlass für den Text (5), Thema (6), Personen(gruppen) (7).
Bei Agenturberichten fehlt oft der Name des Journalisten, während bei Kommentaren der Name des Verfassers erscheinen muss, weil der Text seine Meinung darstellt.
Das Thema können Sie erst nach geleisteter Textarbeit wirklich sicher formulieren.

**1...** Vervollständigen Sie diese Einleitung mit den im Merkkasten genannten Angaben.

*Der ............ (1, 3) mit dem ............ „Die Zeitung ............ " (2), der am ............ (4) erschienen ist, fasst die Ergebnisse einer ............ Bundesverbandes ............ (5) zusammen, auf der ............ (7) darüber diskutiert haben, ob und wie das ............ (6) Zeitung im Wettbewerb mit dem ............ (6) und dem ............ (6) bestehen kann.*

**2...** Ersetzen Sie in der oben stehenden Einleitung das Verb „zusammenfassen" durch „handeln von", „sich beschäftigen mit" und „gehen um" und schreiben Sie drei Varianten.

## Indirekte Rede

Wenn Sie die Aussagen anderer Personen wiedergeben, müssen Sie dies sprachlich klar machen, damit Ihr Leser/Zuhörer genau unterscheiden kann, wessen Aussagen im Text wiedergegeben werden: die des Verfassers oder die von anderen, von denen der Verfasser berichtet.

*Eine* sprachliche Form, mit der der Verfasser die Aussagen von anderen wiedergeben kann, ist die indirekte Rede. Hauptkennzeichen der indirekten Rede ist der Konjunktiv, und zwar in der 3. Pers. Sing. der Konjunktiv I.

Da sich der Konjunktiv I in allen anderen Personalformen nicht vom Indikativ unterscheidet, wird dort der Konjunktiv II verwendet.

| | **Konjunktiv I** (gebildet aus dem Präsens des Verbs) | | **Konjunktiv II** (gebildet aus dem Präteritum des Verbs) |
|---|---|---|---|
| *Sie sagt,* | *dass er gewinne.* (3. Pers. Sing.) | | |
| *Sie sagt,* | ~~*dass sie gewinnen.*~~ (3. Pers. Plur.) | → | *dass sie gewännen.* |
| *Er meint,* | *sie müsse kommen.* (3. Pers. Sing.) | | |
| *Er meint,* | ~~*sie müssen kommen.*~~ (3. Pers. Plur.) | → | *sie müssten kommen.* |
| Redeeinleitung | indirekte Rede | | |

**1.** Vervollständigen Sie die folgende Tabelle mit den Formen der indirekten Rede aus dem Bericht auf S. 8 (mit Zeilenangabe) und ergänzen Sie jeweils die Indikativform.

| | Konjunktiv I | Konjunktiv II | Indikativ |
|---|---|---|---|
| Z. 9 | (sie) seien | | sind |
| Z. 25 | | (sie) sprächen | sprechen |
| | | | |
| | | | |
| | | | |
| | | | |
| | | | |
| | | | |
| | | | |
| | | | |
| | | | |
| | | | |

**2.** Setzen Sie den Anfang des Berichts (Z. 1–4) in die indirekte Rede:

*Die Tagungsteilnehmer sind sich einig, dass das Medium Zeitung ... eine Zukunft* ............, *dass es aber um die Jugend weiterhin kämpfen* ............ *... Die Zukunft der Zeitung* ............ *gesichert, allerdings* ............ *sich die Jugend zunehmend davon ab.*

## Zeitform und Stil

Die Inhaltsangabe wird im *Präsens* verfasst. Wenn jedoch ein Ereignis vor dem berichteten Geschehen stattgefunden hat, wird dafür eine Form der Vergangenheit, das *Perfekt*, benutzt. Der Stil ist sachlich, ohne Ausschmückungen und eigene Wertungen. Sie verwenden Formulierungen, aus denen deutlich wird, wo es sich um die Aufbaubegriffe *These, Begründung, Beleg, Maßnahme, Forderung* usw. handelt. Diese Formulierungen können Sie in allen Inhaltsangaben benutzen.

*Die Experten vertreten die These, dass die Zeitung eine Zukunft habe. Dies begründet der Herausgeber des „Tagesspiegels", Hellmuth Karasek, mit dem Hinweis auf die Vorteile der Zeitung als Teil der Familientradition, als Lieferant von Hintergrundinformationen und als Helfer bei der Meinungsbildung. Außerdem habe das Fernsehen der Zeitung nicht geschadet, was man laut Karasek an der Beliebtheit von Zeitungsreportagen erkenne.*

*Diese These wird jedoch durch die Feststellung eingeschränkt, dass Jugendliche laut Statistik immer weniger Interesse an der Zeitung haben: 1% weniger jugendliche Leser pro Jahr, so der Meinungsforscher vom Allensbach-Institut, Rüdiger Schulz. Dafür gibt es nach seiner Einschätzung mehrere Ursachen, nämlich das fehlende Interesse der Jugend an Politik und die nicht sehr ansprechend gestalteten Wirtschaftsseiten.*

*Der Jugendforscher Jens Lönneker verweist auf die veränderten Lebensgewohnheiten in Bezug auf das Frühstück und das Benutzen des Autos statt öffentlicher Verkehrsmittel, was den Zeitungsabsatz beeinflusse, d.h., es werden weniger Zeitungen gekauft. Aus all dem ergibt sich die Forderung an die Zeitungsmacher, jugendliche Leser (zurück)zugewinnen. Als Maßnahmen schlägt der BDZV-Präsident, Helmut Heinen, vor, man müsse „die Interessen der Jugend mit mehr Service und lokaler Vor- und Nachberichterstattung noch besser" (Z. 11 f.) in den Mittelpunkt der Arbeit rücken. Jens Lönneker rät Journalisten dazu, in ihren Reportagen mehr Gefühle zu bringen, weil junge Leute „mehr auf die Innenwelt" (Z. 33) achteten.*

**1**... In diesem Text steht an einer Stelle das Verb im Perfekt statt im Präsens. Schreiben Sie diese Form heraus, benennen Sie den Modus (die Aussageweise) und begründen Sie seine Verwendung.

**2**... Schreiben Sie alle Formulierungen heraus, die Aufbaubegriffe enthalten.

Z. 1: ... vertreten die These

**3**... Unterstreichen Sie im Text die Zitate (vgl. S. 18 und S. 37).

## Inhaltsangabe eines Meinungstextes

Wenn die Textvorlage kein Bericht, sondern ein Kommentar oder ein Leserbrief ist, müssen Sie die These des Verfassers herauslesen, also erkennen, wie er oder sie zu dem Thema steht.
Auf welche Art der Verfasser seinen Standpunkt darstellt, vollziehen Sie mit den gleichen Methoden wie auf S. 8 nach. Sie finden sie als Leitfragen im rechts stehenden Merkkasten nochmals zusammengefasst.

**1**... a... Lesen Sie den folgenden Text und unterstreichen Sie ab Zeile 12 weiterhin das Wichtigste.

b... Benennen Sie die Aufbaubestandteile und füllen Sie die Lücken in der Spalte „Inhalt in Stichworten" aus.

# Die Wut der Vandalen

*Arnd Bäucker*

Erst kamen Telefonhäuschen dran, dann S-Bahn-Sitze, Briefkästen, Geräte auf Kinderspielplätzen. Spuren der Zerstörung ziehen sich durch Deutschland, von mit Glassplittern übersäten Fußgängerwegen bis hin zu zerkratztem Autolack. Die Vandalen sind unter uns: zerstörungswütige Zeitgenossen, die sich vor allem an öffentlichem Eigentum, aber auch an Privatbesitz austoben ... Etwa jede zehnte registrierte Straftat in Deutschland fällt unter die Rubrik „Sachbeschädigung". Die Kosten in Millionenhöhe können nur geschätzt werden; unzweifelhaft gibt es eine hohe Dunkelziffer ...

Die Täter sind meist jung und männlich. Mitunter stehen die Polizeibeamten vor Menschen aus so genanntem „guten Hause". Die bei Zerstörungsdelikten rasch keimende Vermutung, hier tobten Asoziale und andere Angehörige von Unterschichten ihre Aggressivität aus, geht oft fehl.

Die fehlende körperliche Herausforderung in der technisierten Umwelt von heute oder die Langeweile übersättigter Jungtäter werden als Erklärung bemüht. Wenn dem so ist, dann läuft einiges in der Gesellschaft schief ...

**Aufbaubestandteile**

Personen:
Täter

Ursachen

Fortsetzung Seite 16

**Leitfragen für die Bearbeitung**

1. Zu welchem *Thema* nimmt der Text Stellung? Wo befindet sich die *These* des Verfassers? Hinweis: Oft ist es ein Appell/eine Forderung.
2. Welche *Personen* sind beteiligt? Welche Beziehungen haben sie zueinander?
3. Wie *argumentiert* der Verfasser? Was nennt er als Ursachen/Gründe, Folgen/Auswirkungen, Maßnahmen, Belege: Fakten/Statistik/Definitionen/Beispiele/Vergleiche, Vorteile/Nachteile/Chancen/Gefahren, Appelle/Forderungen/Warnungen/Hoffnungen ...

**2.** **a.** Bringen Sie die eingerahmten Abschnitte der Inhaltsangabe mit den Buchstaben B – E in die richtige Reihenfolge.

**b.** Formulieren Sie die restliche Inhaltsangabe (F, G, H), *nachdem* Sie alle Aufgaben auf S. 18 bearbeitet haben. Nehmen Sie ein gesondertes Blatt Papier, falls der Platz nicht reicht.

| Inhalt in Stichworten | ausformulierte Texte | |
|---|---|---|
| • Vandalismus = Sachbeschädigung an öffentlichem und privatem Eigentum | *Als Erstes erklärt der Autor den Begriff „Vandalismus" anhand von Beispielen – vom zerstörten „Telefonhäuschen ... zu zerkratztem Autolack" (Z. 1–5). Dann folgt eine Definition – „Sachbeschädigung" an öffentlichem und privatem Eigentum (Z. 6 f.), ergänzt durch statistische Angaben: ca. 10 % aller angezeigten Straftaten, hohe Dunkelziffer, geschätzter Sachschaden in Millionenhöhe (Z. 7–11).* | A |
| Meist männliche Jugendliche aus | *Von den Tätern und ihren Motiven kommt Bäucker nun zu den Geschädigten, die deshalb leicht zu Opfern werden, weil sie als Nutzer von kaum schätzbaren öffentlichen Einrichtungen „die Schwächeren" (Z. 29) seien: Bahnfahrer, Kinder, Bürger ohne Handy.* | |
| • Viel Technik → → Langeweile | *Dies führt den Verfasser zu seiner These, nämlich dem Appell, dass „Vandalismus und seine Folgen nicht geduldet werden dürfen" (Z. 30 f.), weil in unserer Gesellschaft die Schwächeren Anspruch auf Schutz hätten.* | |

Die modernen Vandalen schlagen auf das ein, was am verwundbarsten ist, was nicht oder nur schlecht geschützt wird. Das ist das öffentliche Eigentum, und somit sind die Opfer zuerst jene, die auf öffentliches Eigentum angewiesen sind: Bahnfahrer, die vor aufgeschlitzten Sitzen stehen, Kinder, die von Scherbensplittern im Sand bedroht werden, der Bürger ohne Handy, der hoffte, an der unbrauchbar gemachten Telefonzelle anrufen zu können. Opfer sind eher die Schwächeren.

Das ist der eine Grund, warum Vandalismus und seine Folgen nicht geduldet werden dürfen. Der andere liegt in seiner psychologischen Wirkung. Es herrscht eine andere Stimmung, es ist ein anderes Land, wenn Menschen an bestimmte Plätze nur noch mit dem ältesten Fahrrad fahren, weil ihnen dort schon mehrmals die Reifen zerschnitten worden sind. Das Sicherheitsgefühl verändert sich. Das Grundvertrauen, sich in einer Gesellschaft berechenbarer Menschen zu bewegen, schwindet. Die Folgen sind zunächst nicht äußerlich sichtbar, doch Ärger und Angst wachsen in den Seelen wie Messer.

Kann dem Vandalismus Einhalt geboten werden? Im Vorfeld vielleicht mit sensibler Jugendarbeit. Wie heilsam ? harte Strafen dann für die Täter sind, darüber gehen die Meinungen auseinander. In Leipzig hat man überführte Zerstörer schon die Straßenbahn gründlich säubern lassen – vielleicht ist das ein Weg, um so etwas wie ein „Wertebewusstsein" wachsen zu lassen.

Es ist allerdings zu vermuten, dass in dieser Umbruchzeit Vandalismus weiter ein Problem bleibt. Man muss sich ihm stellen. Vandalismus gibt einen Blick in sonst verdeckte Untiefen der scheinbar geordneten Welt frei. Dass viele Menschen Lust an blinder Zerstörung haben, ist eine oft verdrängte Realität.

*aus: Stuttgarter Nachrichten v. 15.11.1999*

**Aufbaubestandteile**

| Inhalt in Stichworten | ausformulierte Texte |
| --- | --- |
| Bahnfahrer, Kinder, Bürger ohne Handy sind die | *Als oft genannte Ursachen weist der Kommentator auf mangelnde Bewegung in unserer „technisierten Umwelt“ (Z. 18) und auf „Langeweile“ (Z. 18) durch Übersättigung hin.* |
| | *Danach beschreibt er das Täterprofil: Vandalen seien überwiegend männliche Jugendliche, die aus allen Schichten unserer Gesellschaft kämen (Z. 12–14).* |
| Psychologische Wirkung:<br>•<br>•<br>→ | F |
| • Vorbeugende Jugendarbeit<br>• Wirksame Strafen (?)<br>•<br>→ Wertebewusstsein | G |
| •<br>Wirklichkeit nicht verdrängen! | H |

## Wie formuliert man?

Eine gut formulierte Inhaltsangabe ist eine Mischung aus eigenständigen Formulierungen (s. unten) und Zitaten (s. unten). Man verwendet

- die Aufbaubegriffe (s. Aufbauspalte), z. B. *Beispiel, Definition;*
- Varianten für „der Autor/die Autorin", *z. B.* Namen des Verfassers/der Verfasserin *(Arnd Bäucker/Simone Schulz);*
- Verben, die aussagen, was der Autor/die Autorin „tut", z. B.: *Er/sie weist auf ... hin;*
- Formulierungen, die die Abfolge der Argumentationsschritte nachvollziehbar machen, z. B.: *Zunächst ..., dann ..., Im dritten Abschnitt ..., Es folgt ...*

**1... a...** Suchen Sie in den Texten B bis E (S. 15 und 17) nach Formulierungen, die den im Merkkasten markierten entsprechen, und kennzeichnen Sie diese jeweils so, wie es im Text A (S. 15) vorgemacht wurde.

**b...** Übertragen Sie diese markierten Formulierungen in die folgende Tabelle und ergänzen Sie sie um weitere Möglichkeiten, die im Text nicht enthalten sind.

| der Autor/die Autorin | Was der Autor „tut" | Abfolge der Argumentationsschritte |
|---|---|---|
| | erklärt | Als Erstes |
| | beschreibt | |
| | | |
| | | |
| | | |
| | | |
| | | |

## Wie zitiert man richtig?

Zitate müssen durch Anführungszeichen kenntlich gemacht werden. Die entsprechenden Zeilenangaben werden in Klammern dahinter gesetzt, z. B.: *„Die Kosten in Millionenhöhe können nur geschätzt werden."* (Z. 9 f.)

Zitate müssen buchstabengetreu sein; deshalb müssen in Teilzitaten alle Auslassungen durch ... angezeigt werden, z. B.: *vom zerstörten „Telefonhäuschen ... bis hin zu zerkratztem Autolack."* (Z. 1–5)

Zitiert werden können

- Schlüsselbegriffe (die wichtigsten Begriffe im Text),
- Schlüsselsätze (die wichtigsten – vollständigen – Sätze im Text).

**1...** Vergleichen Sie die Textvorlage (S. 14, 16) mit der Inhaltsangabe (A bis H, S. 15, 17) und schreiben Sie Beispiele für die verschiedenen Formen des Zitats in der Inhaltsangabe heraus:

a) Schlüsselbegriffe: „Sachbeschädigung" (Z. 9) ..............................

b) ein Teilzitat: ..............................

c) ein Schlüsselsatz: ..............................

## Die vollständige Inhaltsangabe

**1.** Formulieren Sie mit Hilfe des Merkkastens auf S. 11 eine Einleitung. Ergänzen Sie dabei das Thema um die These des Autors.

.....................................................................................

.....................................................................................

.....................................................................................

.....................................................................................

.....................................................................................

**2.** Der folgende Text ist ein anders formulierter Hauptteil (vgl. Textkästen A bis E, S. 15, 17); allerdings fehlen hier die Wörter, die für die Inhaltsangabe von Sachtexten typisch sind. Ergänzen Sie diese aus dem unten stehenden Kasten.

*Der Autor* beginnt *seinen* .................. *mit* .................. *für Vandalismus und* .................. *mit* .................. *, dass diese Art von Kriminalität sehr weit verbreitet ist.* .................. .................. *er* .................. *den Tätern* .................. *: Diese* .................. *meist junge Männer aus allen sozialen Schichten. Als* .................. .................. .................. *„fehlende körperliche Herausforderung" (Z. 17) und „Langeweile übersättigter Jungtäter" (Z. 18 f.).*

.................. .................. ..................

*die Opfer; das* .................. *„eher die Schwächeren" (Z. 29), weil sie wegen der „Wut der Vandalen" (Überschrift) genau das nicht nutzen können, was diese zerstören, nämlich öffentliche Einrichtungen wie z.B. Telefonzellen.* .................. .................. *er seine* .................. *, dass man Vandalismus nicht einfach so hinnehmen* .................. *. Dies* .................. *er mit der „psychologischen Wirkung" von Vandalismus auf die Menschen ...*

**Verben:** *ableiten, ~~beginnen~~, begründen, belegen, beschreiben, dürfen, nennen, sein, sich zuwenden.* Passen Sie die Form dem Satz an.

**Nomen:** *Arnd Bäucker, Beispiel, Forderung, Kommentar, Kommentator, Ursache, Zahl.* Passen Sie die Form dem Satz an.

**Sonstiges:** *dann, daraus, im zweiten Abschnitt.*

**Tipp:** Lesen Sie beide Fassungen des Hauptteils mehrmals durch, am besten sogar laut, damit Sie sich an den Stil der Inhaltsangabe gewöhnen. Eine zusätzliche gute Übung für Sie ist es, die zweite Fassung des Hauptteils komplett abzuschreiben.

**3.** Notieren Sie in Stichworten Aspekte für Ihre Stellungnahme, d.h. für den Schluss Ihrer Inhaltsangabe: Wo widersprechen Sie dem Autor? Wo stimmen Sie zu? Was können Sie ergänzen an eigener Erfahrung (als Opfer/Täter), an weiteren Informationen über Ursachen/Folgen/Maßnahmen aus den Medien?
Nehmen Sie für diese Aufgabe ein gesondertes Blatt Papier.

# Erörterung

## Das Thema und die Fragestellung genau erfassen

In einem Erörterungsaufsatz sollen Sie sich kritisch mit einem Thema auseinandersetzen. Sie müssen dabei entweder in einer Streitfrage Stellung beziehen **(dialektische [gegenüberstellende] Erörterung)** oder einen Sachverhalt, eine feststehende Tatsache auf die Ursachen, Folgen und möglichen Maßnahmen zur Lösung des Problems hin untersuchen **(lineare [steigernde] Erörterung).** Dabei ist es besonders wichtig, zunächst das Thema genau zu betrachten: Welches Problem wird angesprochen? Welche Aufgabenstellung ist zu bearbeiten?

### Schlüsselbegriffe

**Thema:** *„Die Last mit dem eigenen Spiegelbild“*
*Immer mehr Menschen, vor allem Jugendliche, unternehmen heute große Anstrengungen, ihr äußeres Erscheinungsbild zu verändern.*

- Wie erklären Sie sich diese Verhaltensweisen?
- Welche Probleme können daraus entstehen?

Die markierten Wörter grenzen das Thema und die Aufgabe ein: Es geht im Schwerpunkt um junge Leute, die ihr Erscheinungsbild verändern wollen. Die Gründe und Ursachen dieses Verhaltens sollen erklärt werden und Sie sollen überlegen, welche Probleme es hervorrufen kann.

**1** … Markieren Sie bei den folgenden Themen die Wörter, die den Inhalt und die Aufgabenstellung bestimmen. Ergänzen Sie die Schlüsselbegriffe zur Aufgabenstellung aus dem oben stehenden Kasten.

a) *Die Kluft zwischen den Generationen wächst, im Vergleich zu früher, immer schneller.*
- Wo liegen Ihrer Meinung nach die Ursachen für dieses Problem?
- Was können Jugendliche und Erwachsene dagegen tun?

b) *Es gibt 21-Jährige mit Schulden zwischen 15000 und 25000 Euro.*
- Warum verschulden sich junge Leute?
- Welche Schwierigkeiten können sich daraus ergeben?

c) *„Sturm auf die Quasselbuden“, titelte 1997 das Nachrichtenmagazin „Focus“. Die Inflation der Talkshows hält vor allem bei den privaten TV-Sendern unvermindert an.*
- Was macht die Talkshows für Zuschauer, Teilnehmer und Sender so attraktiv?
- Warum wächst gleichzeitig die Kritik an dieser Form der TV-Unterhaltung?

d) *Vereine spielen eine große Rolle in unserer Gesellschaft.*
- Zeigen Sie anhand von Beispielen die Vorteile und die Nachteile, die es mit sich bringt, wenn man Mitglied in einem Verein ist.

## Lineare oder dialektische Erörterung?

Bei den Themenbeispielen a), b) und c) handelt es sich um **lineare Erörterungsthemen**, das heißt, dass von einer *unbestreitbaren Tatsache* ausgegangen wird, deren *Ursachen* untersucht und deren *Folgen* abgeschätzt werden, und dass *Maßnahmen zur Problemlösung* vorgeschlagen werden sollen. Thema d) ist ein **dialektisches Erörterungsthema**; hierbei wird nach einer Bewertung von *Vorteilen und Nachteilen* gefragt.

Die Themenart bestimmt wesentlich den Schwerpunkt des Aufsatzes: Eine lineare Erörterung zielt vor allem auf eine sachliche Darstellung von Fakten; ein dialektisches Erörterungsthema fordert dazu auf, einen Standpunkt in einer Streitfrage zu beziehen – auch diese persönliche Stellungnahme muss jedoch durch sachliche und nachprüfbare Argumente begründet werden.

Die Wörter „Ursache“, „erläutern“, „erklären“ in der Aufgabenstellung deuten auf ein lineares Thema hin. Eine Entscheidungsfrage (eine Frage, die mit „Ja“ oder „Nein“ zu beantworten ist) oder die Begriffe „Vorteile“/„Nachteile“ sind ein Hinweis auf ein dialektisches Thema.

**1**... Untersuchen Sie, ob es sich bei den folgenden Themen um eine lineare oder um eine dialektische Erörterung handelt.

| | linear | dialektisch |
|---|---|---|
| a) *Immer mehr Angehörige verschiedener Nationen und Kulturen leben in Deutschland zusammen.*<br>• Welche Probleme treten dabei auf?<br>• Was können Staat, Gesellschaft und der Einzelne zur Lösung dieser Probleme beitragen? | ☐ | ☐ |
| b) *Aggressionen gehören zum Alltag vieler Jugendlicher.*<br>• Wie erklären Sie sich das?<br>• Zeigen Sie Möglichkeiten auf, Aggressionen entgegenzuwirken. | ☐ | ☐ |
| c) *Schauspieler, Sänger und Sportler werden von Jugendlichen verehrt.*<br>• Sind diese Stars als Vorbilder geeignet? | ☐ | ☐ |
| d) *Das Dasein als Single scheint die Lebensform der heutigen Zeit zu sein.*<br>• Welche Vorteile und Probleme können Ihrer Meinung nach daraus erwachsen? | ☐ | ☐ |

**2**... Formulieren Sie zu der folgenden Aussage Arbeitsfragen für eine lineare Erörterung.

*Handys erfreuen sich steigender Beliebtheit, besonders unter jungen Leuten.*

• ..............................

..............................

• ..............................

..............................

**3**... Formulieren Sie zu der folgenden Aussage eine Arbeitsfrage für eine dialektische Erörterung.

*Die Reisebranche boomt, immer mehr Menschen buchen für ihren Urlaub Flugreisen in weit entfernte Länder.*

• ..............................

..............................

## Stoffsammlung einer linearen Erörterung

Stoffsammlung und Gliederung sind die wichtigsten Vorarbeiten für den Erörterungsaufsatz. In der Stoffsammlung notieren Sie stichwortartig alle Überlegungen, Ideen, Gedankensplitter zu dem Thema.

**Thema:** *„Die Last mit dem eigenen Spiegelbild“*
*Immer mehr Menschen, vor allem Jugendliche, unternehmen heute große Anstrengungen, ihr äußeres Erscheinungsbild zu verändern.*
- Wie erklären Sie sich diese Verhaltensweisen?
- Welche Probleme können daraus entstehen?

Hilfen für die Stoffsammlung bieten beispielsweise:

**Schlüsselfragen:**
- *Was heißt* „Last mit dem Spiegelbild“?
- *Wodurch entsteht* die Last?
- *Wen betrifft* das Problem?
- *Welche Lebensbereiche* sind berührt (Privatleben, Schule, Öffentlichkeit, Beruf, Staat)?
- *Welche Folgen* hat die Veränderung des Erscheinungsbildes?
- *Welche Lösungswege* gibt es?

**Mindmapping:**

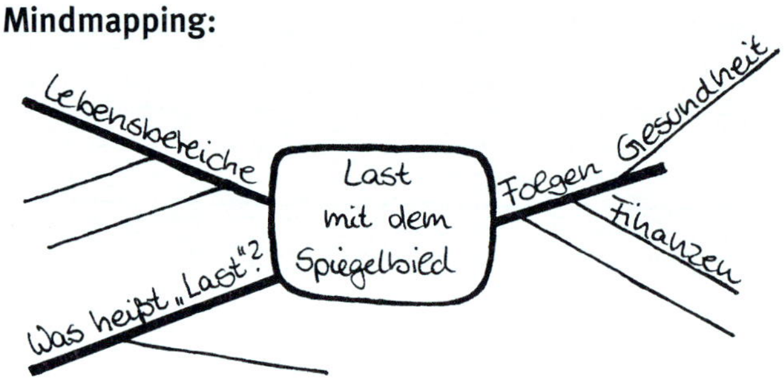


**1...** Ergänzen Sie die Stoffsammlung zu der ersten Themenfrage:

Wie erklären Sie sich diese Verhaltensweisen?

- *In-Sein*
- *Angebote der Kosmetikindustrie*
- *Beispiel von Mitschülerinnen und Mitschülern*
- *schön sein wollen*
- *aussehen wollen wie Filmstars und Popsänger*
- *alle gehen ins Nagelstudio*
- ..........
- ..........
- ..........
- ..........

**2...** Erstellen Sie eine Stoffsammlung zu der zweiten Themenfrage:

Welche Probleme können daraus entstehen?

- ..........
- ..........
- ..........
- ..........
- ..........

## Gliederung einer linearen Erörterung

In der Gliederung ordnen Sie die Gesichtspunkte der Stoffsammlung, sodass Sie einen Leitfaden vorliegen haben, an dem sich die Ausarbeitung des Aufsatzes orientiert. Einige Gesichtpunkte der Stoffsammlung gehören inhaltlich zusammen oder enthalten einen sehr ähnlichen Gedanken. Für diese Stichpunkte können Sie einen gemeinsamen Oberbegriff finden.

**1**... Die Stichpunkte: „In-Sein / Beispiel der Mitschüler / alle gehen ins Nagelstudio" gehören zum Oberbegriff: Modetrend.
Fassen Sie in ähnlicher Weise die anderen Stichpunkte jeweils unter einem gemeinsamen Oberbegriff zusammen.

- Modetrend
- 
- 

**2**... Fassen Sie Ihre Gedanken zu den Problemen ebenfalls unter Oberbegriffen zusammen.

Diese Oberbegriffe werden in einem zweiten Arbeitsschritt in eine sinnvolle Reihenfolge gebracht; Ordnungsprinzipien für die Abfolge der Gedankenschritte können sein:

- vom weniger Wichtigen zum Wichtigsten
- vom allgemein Bekannten zum Besonderen
- vom Privaten zum Öffentlichen
- vom Älteren zum Neueren

**3**... Entscheiden Sie sich nun für eine Reihenfolge der Oberbegriffe. Orientieren Sie sich dabei an einem der oben genannten Ordnungsprinzipien.
Damit erhalten Sie einen „Fahrplan" für die Ausarbeitung des Hauptteils Ihres Aufsatzes.

**Gliederung des Hauptteils:**

Erklärung der Verhaltensweisen:

a) Modetrend
- In-Sein
- Beispiel der Mitschüler
- alle gehen ins Nagelstudio

b)

Probleme:

a)

## Stoffsammlung einer dialektischen Erörterung

**Thema:** *Schauspieler, Sänger und Sportler werden von Jugendlichen verehrt.*
Sind diese Stars als Vorbilder geeignet?

Im Zentrum dieses Themas steht eine Entscheidungsfrage. Sie kann jedoch nicht einfach mit „Ja“ oder „Nein“ beantwortet werden, da es Argumente sowohl für das „Ja“ als auch für das „Nein“ gibt. Unabhängig von Ihrer persönlichen Einstellung sollen Sie in einem dialektischen Erörterungsaufsatz *beide* Positionen darstellen.

**1**... Untersuchen Sie zunächst das Thema. Welche Schlüsselbegriffe enthält es?

**2**... Sammeln Sie stichwortartig Ideen, Überlegungen, Gedanken oder Gedankensplitter, zunächst nur grob nach „Ja“ bzw. „Nein“ gegliedert.

**Ja,** Schauspieler, Sänger und Sportler können als Vorbilder für Jugendliche geeignet sein.

**Nein,** Schauspieler, Sänger und Sportler können als Vorbilder für Jugendliche *nicht* geeignet sein.

## Gliederung einer dialektischen Erörterung

1... Ordnen Sie Ihre Stoffsammlung nach den gleichen Gesichtspunkten wie bei der linearen Erörterung.

a... Fassen Sie alle inhaltlich zusammengehörenden Gedanken unter einem Oberbegriff zusammen.

b... Ordnen Sie die Oberbegriffe in der Reihenfolge: vom weniger Wichtigen zum Wichtigsten.

Ihre Überlegungen sollten möglichst an einem logischen „roten Faden" aufgereiht sein. Orientieren Sie sich gedanklich an folgendem Satz: *Erst einmal* sehe ich, dass ..., *darüber hinaus* ist zu bedenken, dass ..., und *vor allem* gilt, dass ...

**Hauptteil**

These: *Schauspieler, Sänger und Sportler können als Vorbilder für Jugendliche geeignet sein.*

*a)* ........................................

........................................

*b)* ........................................

........................................

*c)* ........................................

........................................

Gegenthese: *Schauspieler, Sänger und Sportler können als Vorbilder für Jugendliche nicht geeignet sein.*

*a)* ........................................

........................................

*b)* ........................................

........................................

*c)* ........................................

........................................

Es kommt auf das Thema und auf Ihre persönliche Einstellung an, ob Sie bei der Gliederung des Hauptteils mit dem „Pro" oder mit dem „Kontra" beginnen. Auch hier gilt das Prinzip: vom weniger Wichtigen zum Wichtigsten. Das heißt, wenn Sie die „Ja Argumente" für gewichtiger halten, beginnen Sie mit dem „Nein", und umgekehrt. Viele dialektische Themenfragen lassen sich jedoch gar nicht mit einem einfachen „Ja" oder „Nein" beantworten. Häufig ist zwischen den entgegengesetzten Ansichten eine abwägende Schlussfolgerung möglich, eine **Synthese** aus These und Gegenthese, bei der die wichtigsten Gesichtspunkte beider Positionen berücksichtigt werden. (Siehe Schluss, S. 31.)

# Argumentieren

## Ausarbeitung eines Arguments

Argumentieren heißt eine Behauptung *beweisen*, eine Anschauung allgemein nachvollziehbar *begründen* und durch konkrete Beispiele *belegen*. Ihr Erörterungsaufsatz soll aus Argumenten bestehen, die diesen Anspruch erfüllen. Das gilt sowohl für lineare Erörterungen als auch für dialektische Themen.

**Beispiel:**

These: *Jugendliche gefährden ihre Gesundheit, wenn sie ihr äußeres Erscheinungsbild verändern,*
denn

Begründung: *viele Schönheitskorrekturen werden unter unhygienischen Bedingungen vorgenommen.*
Beispielsweise

Beleg/Beispiel: *gibt es zahlreiche Tattoo-Studios, deren Inhaber keinerlei medizinische Vorbildung besitzen.*

**1** ... Finden Sie in ähnlicher Weise Begründung und Beispiel für die folgenden Behauptungen.

These: *Jugendliche folgen einem Modetrend, wenn sie ihr äußeres Erscheinungsbild verändern.*

Begründung: ...

Beleg/Beispiel: ...

These: *Bekannte Sportler geben Jugendlichen oft ein schlechtes Beispiel.*

Begründung: ...

Beleg/Beispiel: ...

## Allgemeingültigkeit eines Arguments

Die Beweisführung der Argumentation soll folgenden Anforderungen genügen:

- Sie soll allgemein nachvollziehbar sein (keine Einzelfälle verallgemeinern).
- Sie soll sachlich sein (keine rein gefühlsmäßigen Urteile).
- Sie soll logisch sein (keine Gedankensprünge).

Beispiele für Beweismethoden:

- allgemein bekannte Tatsachen, unbestreitbare Erfahrungen
- Gesetze oder allgemein anerkannte gesellschaftliche Normen
- Expertenmeinungen, Berufung auf Autoritäten
- logische Schlussfolgerungen

**1** ... Welche der folgenden Beweisführungen werden diesen Anforderungen gerecht? Bewerten Sie mit + bzw. –.

| | + | – |
|---|---|---|
| a) *Die Kluft zwischen den Generationen wächst immer mehr, ich habe mich mit meinen Eltern noch nie besonders gut verstanden.* | ☐ | ☐ |
| b) *Junge Leute verschulden sich, weil sie mithalten wollen, wenn alle ihre Freunde den Führerschein machen und sich teure Markenkleidung kaufen.* | ☐ | ☐ |
| c) *Es ist blöd und langweilig, seine Abende in einem Verein zu verbringen.* | ☐ | ☐ |
| d) *Angehörige verschiedener Kulturen kommen einander näher, weil heutzutage so viel gereist wird.* | ☐ | ☐ |
| e) *Ein Handy kann das Leben retten; im vergangenen Winter haben Skifahrer, die von einer Lawine verschüttet worden waren, mit ihrem Handy Hilfe herbeigeholt.* | ☐ | ☐ |

**2** ... „Retten" Sie die missglückten Beweise. Formulieren Sie die Sätze, die Sie mit – bewertet haben, so um, dass sie beweiskräftig werden.

**3** ... Welche der oben genannten Beweismethoden wird bei den folgenden Beispielen angewendet?

*Markenklamotten sind teurer als Nonameware.*

*Ärzte warnen vor den unhygienischen Verhältnissen in vielen Tattoo-Studios.*

*Wenn das Taschengeld schon nicht für die Handyrechnung reicht, ist für das Nagelstudio ganz sicher kein Geld mehr da.*

*Der Artikel 2 des Grundgesetzes garantiert die freie Entfaltung der Persönlichkeit. Das bedeutet für mich, dass ich mit karierten Haaren herumlaufen kann, wenn es mir gefällt.*

## Einleitung

### Möglichkeiten der Einleitung

Die Einleitung eines Erörterungsaufsatzes hat mehrere Ziele:

- Sie soll zu der behandelten Problematik hinleiten.
- Sie soll das Interesse der Leser erwecken.
- Sie kann das Thema gegebenenfalls eingrenzen.

Es gibt verschiedene inhaltliche Möglichkeiten, einen Erörterungsaufsatz einzuleiten, zum Beispiel:

- ein persönliches Erlebnis,
- eine Ihnen bekannte Tatsache, die mit dem Thema in Verbindung steht,
- ein Sprichwort oder eine Redensart,
- die Klärung zentraler Begriffe aus der Themenstellung,
- ein Vergleich mit anderen Ländern oder früheren Zeiten.

**1...** Notieren Sie, welche Möglichkeit der Einleitung bei den folgenden Beispielen gewählt wurde.

**Thema:** *„Die Last mit dem eigenen Spiegelbild“*
*Immer mehr Menschen, vor allem Jugendliche, unternehmen heute große Anstrengungen, ihr äußeres Erscheinungsbild zu verändern.*

- Wie erklären Sie sich diese Verhaltensweisen?
- Welche Probleme können daraus entstehen? (vgl. S. 22 f.)

*a) „Wer schön sein will, muss leiden.“* ..................

*b) Wenn ich in alten Filmen oder auf Fotografien Bilder von jungen Menschen vor hundert Jahren sehe, fällt es mir oft schwer, die einzelnen Personen auseinanderzuhalten. Alle Mädchen tragen Zöpfe, alle Jungen haben die Haare kurz geschoren.* ..................

**2... a...** Verfassen Sie eine Einleitung zu diesem Thema, bei der Sie ein persönliches Erlebnis zu Grunde legen.

..................

**b...** Verfassen Sie eine Einleitung, in der Sie zentrale Begriffe aus der Themenstellung klären.

..................

**3...** Warum sind die folgenden Beispiele als Einleitung zu diesem Thema weniger gut geeignet?

Bewertung:

a) *Seit fast zwei Jahren besuche ich nun die Berufsfachschule und sehe täglich, außer sonntags und in den Ferien natürlich, meine Mitschüler und Mitschülerinnen in der Klasse. Allmählich kennt man sich gut und man kennt sich auch im Kleiderschrank der anderen aus. Da fällt es sofort auf, wenn die Banknachbarin sich wieder neue Schuhe zugelegt hat, obwohl doch schon mindestens zwanzig Paar bei ihr zu Hause im Schrank stehen.*

b) *Gestern las ich in der Zeitung, dass Jugendliche heutzutage viel Zeit und Geld dafür aufwenden, sich schön zu kleiden und gut auszusehen.*

c) *Viele Menschen, vor allem Jugendliche, geben ihr ganzes Taschengeld und alles, was sie in ihren Jobs verdienen, für ihre Schönheit aus, und oft gefährden sie bei „Schönheitsreparaturen" sogar noch ihre Gesundheit.*

**Beachten Sie:**
- Die Einleitung sollte nicht zu lang sein; etwa ein Sechstel des Gesamtumfangs der Erörterungsarbeit ist genug.
- Die Einleitung muss „stimmen", das heißt, Sie dürfen in diesem Fall Ihrer Fantasie keinen freien Lauf lassen, also: keine Zeitungsartikel erfinden, die Sie angeblich zufällig gerade zu dem Thema gelesen haben, und auch keine Umfrage in Ihrer Klasse, wenn eine solche Umfrage gar nicht stattgefunden hat.
- Die Einleitung darf keine Argumente des Erörterungsaufsatzes vorwegnehmen.

## Überleitung zum Hauptteil

Die Einleitung sollte durch eine Überleitung mit dem Hauptteil der Arbeit verbunden werden. Dabei wird sinnvollerweise die Themenfrage in eigenen Worten wiederholt.

**1...** Formulieren Sie die Überleitung zum Hauptteil der Erörterung.

Wenn ich in alten Filmen oder auf Fotografien Bilder von jungen Menschen vor hundert Jahren sehe, fällt es mir oft schwer, die einzelnen Personen auseinanderzuhalten. Alle Mädchen tragen Zöpfe, alle Jungen haben die Haare kurz geschoren und auch die Kleidung ähnelt sich sehr. Solche Bilder sind heute nicht mehr denkbar ...

## Schluss

Ihr Erörterungsaufsatz darf nicht einfach nach der Niederschrift des letzten Argumentes aufhören, sondern sollte durch einen Schluss abgerundet werden.
Bei einer **linearen Erörterung** bietet der Schluss Gelegenheit, einen Ausblick auf die weitere Entwicklung zu geben und/oder an die Inhalte der Einleitung anzuknüpfen und dem Aufsatz somit einen Rahmen zu geben.
Da bei einer **dialektischen Erörterung** eine Streitfrage zu bewerten ist, können Sie am Schluss zu einer Entscheidung kommen. Dabei werden Sie persönlich einem der beiden Standpunkte (der These oder der Gegenthese) Recht geben oder Sie werden einen Mittelweg, eine Synthese, vorschlagen. Ihre Entscheidung sollte sich in jedem Fall logisch aus der Argumentation ergeben und begründet werden.

### Der Schluss bei einer linearen Erörterung

**1**... Formulieren Sie einen Schluss der Erörterung zu dem Thema „Die Last mit dem eigenen Spiegelbild“. Gehen Sie davon aus, dass Sie den Aufsatz mit dem Sprichwort „Wer schön sein will, muss leiden“ eingeleitet haben, und greifen Sie diesen Spruch im Schlussabschnitt wieder auf.

### Der Schluss bei einer dialektischen Erörterung

**Thema:** *Vereine spielen eine große Rolle in unserer Gesellschaft.* – Zeigen Sie die Vorteile und die Nachteile, die es mit sich bringt, wenn man Mitglied in einem Verein ist.

Beispiel:
*Ich bin und bleibe Mitglied in meinem Schwimmverein. Selbstverständlich weiß ich, dass ich dort viel Zeit und Energie investiere und Verpflichtungen übernehme, aber die Gemeinschaft und viele Erfolgserlebnisse wiegen für mich alle Nachteile auf.*

**1**... Formulieren Sie einen Schluss zu demselben Thema, bei dem Sie die Mitgliedschaft in einem Verein ablehnen.

**2**... Formulieren Sie eine Synthese zu den folgenden dialektischen Standpunkten.

Beispiel:

**These:**
*Das Dasein als Single bietet Vorteile.* → ← **Gegenthese:** *Das Dasein als Single schafft Probleme.*

**Synthese:**
*Man lebt einige Jahre als Single, um vom Elternhaus unabhängig zu werden, aber später gründen die meisten jungen Menschen eine Familie.*

**These:**
*Stars sind als Vorbilder für junge Menschen geeignet.*

**Gegenthese:**
*Stars sind als Vorbilder für junge Menschen ungeeignet.*

**Synthese:**

**These:**
*Die Arbeit in einem Beruf soll interessant sein und Freude machen.*

**Gegenthese:**
*Die Arbeit soll möglichst viel Geld einbringen.*

**Synthese:**

**3**... **Zusammenfassende Aufgabe**
Wählen Sie eines der Erörterungsthemen der Seiten 20 und 21 aus und verfassen Sie – auf gesonderten Blättern – einen vollständig ausgearbeiteten Aufsatz mit einer Einleitung, einer logisch gegliederten Argumentation im Hauptteil und einem Schluss.

# Inhaltsangabe von fiktionalen Texten

Die Inhaltsangabe informiert kurz über den Inhalt von Gelesenem (fiktionale und pragmatische Texte), Gesehenem (Filme, Theaterstücke, Dokumentarfilme) und Gehörtem (Hörspiele, Vorträge, Radiosendungen). Sie ist übersichtlich, sachlich, kurz und im Präsens geschrieben.

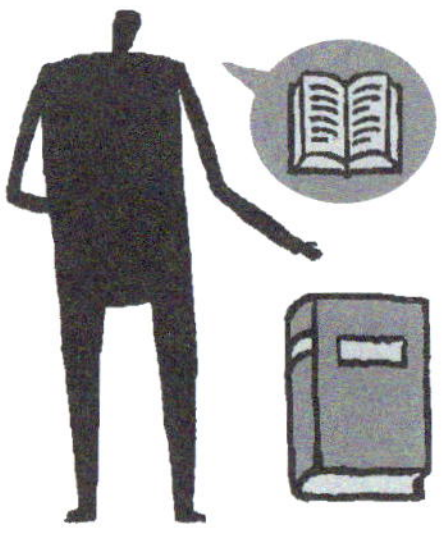

## Das Geschehen

**1**... **a**... Finden Sie im folgenden Text die jeweils passenden Verszeilen und schreiben Sie diese in die entsprechenden Lücken.

*schwamm zur Oberfläche hinauf / wo sie munter die Seeluft zersägt /*
*die Fliege war und blieb tot / und fraßen verbittert drei Kinder /*
*frische Seeluft wär für sie gesund / auf eine jener Flossen /*

**b**... Lesen Sie nun den vollständigen Text genau und schreiben Sie das Geschehen in Stichworten heraus.

**Die Retter** · Erich Fried

*Eine Fliege war am Ertrinken*
*zwei Haifische sahen sie sinken*
*Da sagte der eine Hai: „Ei*
*schwimmen wir da vorbei!“*
*Der andre besann sich nicht lang*
*er sprach: „Diese Fliege ist krank*
*Hier am Grund unten geht sie zugrund*
..........................................................!“
*Der eine Hai schnappte sie auf*
..........................................................
*Und spuckte sie seinem Genossen*
..........................................................
*die ein Hai auf dem Rücken trägt*
..........................................................
*Doch obwohl man ihr Seeluft bot*
..........................................................
*Da kränkten sich ihre Finder*
..........................................................

**Stichworte**

Zwei Haie sehen ertrinkende Fliege.

**2**... Fassen Sie anhand der Stichworte das Geschehen in vollständigen Sätzen zusammen: Folgende Fragen können helfen: *Wer* sieht die ertrinkende Fliege? *Was* beschließen die Haie? *Was* tun sie zur Rettung der Fliege? *Wie* endet die Rettungsaktion? *Warum* fressen sie die drei Kinder?

Zwei Haie sehen eine ertrinkende Fliege und beschließen ...
Schreiben Sie Ihren Text auf ein gesondertes Blatt Papier.

## Die Inhaltsangabe

Die Inhaltsangabe besteht aus Einleitung, Hauptteil und Schluss.
Die *Einleitung* enthält Angaben zu Textsorte, Titel, Autor und Thema.
Im *Hauptteil* wird das Geschehen zusammengefasst. (S. S. 35.)
Der *Schluss* enthält eine kurze persönliche Beurteilung des Textes.

**1...** Schreiben Sie mit Hilfe folgender Gliederung eine Einleitung für die Inhaltsangabe.

| | | |
|---|---|---|
| Einleitung: | Textsorte: | *Fabel* |
| | Titel: | *Die Retter* |
| | Autor: | *Erich Fried* |
| | Thema: | *Misslungene Rettungsaktion* |
| Hauptteil: | ... | ... |

In der Fabel ..........

..........

**2...** Schreiben Sie einen Schluss für die Inhaltsangabe.

| | | | | |
|---|---|---|---|---|
| *Der Text* | *gefällt mir* | *gut/sehr gut,* | *da* | *er witzig ist.* |
| *Die Fabel* | | *nicht/gar nicht,* | *weil* | *gezeigt wird, dass ...* |
| *Mir gefällt* | *der Text* | | *denn* | *er ist lustig.* |
| *Meiner Meinung nach ist* | *der Text* | *interessant/langweilig/* | | *denn ...* |
| *Ich finde, dass* | *die Fabel* | *spannend/lehrreich/ironisch/* | | *da ...* |
| *Ich bin der Meinung, dass* | | *traurig/lustig (ist),* | | *weil ...* |

..........

..........

..........

Der Schluss kann auch eine kurze Deutung des Textes enthalten. Dazu muss bei einer Fabel das Geschehen von der Bildebene (d.h. aus dem Bereich der Tiere mit menschlichen Eigenschaften und menschlichem Verhalten) auf die Wirklichkeitsebene (d.h. in den Bereich der Menschen) übertragen und die Aussage herausgearbeitet werden.

**3...** Übertragen Sie das Geschehen von der Bildebene auf die Wirklichkeitsebene.

So wie die beiden Haie versuchen auch Menschen, sich als Wohltäter darzustellen. Sie tun Dinge, die ..........

..........

..........

**4...** Die gute Absicht der Haie steht in keinem Verhältnis zu dem Schaden, den sie anrichten. Wie ist der Titel zu deuten? Begründen Sie Ihre Meinung.

..........

..........

# Übungen zur Inhaltsangabe

## Das Geschehen

**1...** Lesen Sie den Text ganz genau und formulieren Sie anschließend Stichworte für die Zusammenfassung des Geschehens.

**Vom verirrten Sohn** · Günter Kunert

*Geheißen hat der Vater den Sohn,*
*In die Stadt um Tabak zu gehn;*
*Krank lag er zu Bett, seit Tagen schon,*
*Und der Sohn wollte Städte sehn.*
*Lang ist der Weg. Wo ist sein End?*
*Ist kein Weiser, der's nennt?*

*So ist der Sohn fröhlich gegangen*
*Durch die Türe hinaus auf den Weg,*
*Und der Weg hat gut angefangen,*
*Denn er kannte jeden Steg.*
*Lang ist der Weg. Wo ist sein End?*
*Ist kein Weiser, der's nennt?*

*Mit der Zeit wurde der Weg ihm fremd*
*Und er kannte sich da nicht mehr aus.*
*Das Geld klang in der Tasche im Hemd,*
*Und er wünschte sich nach Haus.*
*Lang ist der Weg. Wo ist sein End?*
*Ist kein Weiser, der's nennt?*

*Sehr groß schien die Welt nach jeder Seit,*
*Und still war die Wolke hoch oben,*
*Und sie gab dem Sohn keinen Bescheid,*
*Wo sich Städte erhoben.*
*Lang ist der Weg. Wo ist sein End?*
*Ist kein Weiser, der's nennt?*

*Auch die Tannen schwiegen, die blauen,*
*Den Weg kannten sie sicherlich nicht.*
*Es schwiegen die Steine, die grauen,*
*Und schwiegen mit viel Gewicht.*
*Lang ist der Weg. Wo ist sein End?*
*Ist kein Weiser, der's nennt?*

*Der Vater hat nicht den Weg gesagt,*
*Der hinein in die ferne Stadt führt,*
*Und der Sohn hat ihn danach nicht gefragt*
*Und ist sorglos fortmarschiert.*
*Lang ist der Weg. Wo ist sein End?*
*Ist kein Weiser, der's nennt?*

**Stichworte**

Auftrag des Vaters an den Sohn, aus der Stadt Tabak zu holen

Wunsch des Sohnes, Städte zu sehen

**2...** Fassen Sie mit Hilfe Ihrer Stichworte das Geschehen auf einem gesonderten Blatt schriftlich zusammen. Beginnen Sie:

Ein Sohn bekommt von seinem Vater den Auftrag, ...

## Einleitung und Hauptteil der Inhaltsangabe

**1...** Finden Sie anhand des Textes auf S. 34 und der unten stehenden Inhaltsangabe die Stichworte für die Gliederung.

| | | |
|---|---|---|
| Einleitung: | Textsorte: | Ballade |
| | Titel: | |
| | Autor: | |
| | Thema: | |
| Hauptteil: | Zeit: | |
| | Ort: | |
| | Personen: | |
| | Geschehen: | |
| | | |
| | | |
| | | |
| | Grund: | |
| | | |

*In der Ballade „Vom verirrten Sohn" von Günter Kunert geht es um die Ratlosigkeit der jungen Generation, die von den Eltern keine Orientierungshilfen bekommt.*
*Kunert zeigt dies an einem Sohn, der vom Vater beauftragt wird, aus der Stadt Tabak zu holen. Der Sohn zieht los und verirrt sich. Der Vater hat dem Sohn keine Hinweise gegeben, wie der Auftrag erfüllt werden kann, und der Sohn hat nicht danach gefragt. Die Ballade endet mit der Ratlosigkeit des Sohnes, die in dem Refrain ausgedrückt wird: „Lang ist der Weg. Wo ist sein End? / Ist kein Weiser, der's nennt?"*

Der Ablauf einer Handlung oder eines Geschehens wird in der Inhaltsangabe in der Zeitform des Präsens wiedergegeben. Alles, was sich vor dem Ablauf dieser Handlung oder dieses Geschehens vollzogen hat, wird durch die Zeitform des Perfekts gekennzeichnet, z. B.

| **Präsens** | **Perfekt** |
|---|---|
| *Der Sohn verirrt sich,* | *denn der Vater hat ihm keinen Rat gegeben.* |
| Ablauf des Geschehens | liegt zeitlich vor dem Ablauf dieses Geschehens |

**2...** Ordnen Sie die Verben sinngemäß zu und führen Sie die Sätze in der richtigen Zeitform fort.

*a) Der Sohn geht los,* *nachdem ihn der Vater* beauftragt hat *, Tabak zu holen.*
*b) Er kann sich in der Welt nicht orientieren, weil er es nicht* ............ .
*c) Er verirrt sich,* *da er nicht nach dem Weg* ............ .
*d) Er kann die Zeichen nicht deuten,* *weil sie ihm niemand* ............ .

*erklären* *fragen* ~~*beauftragen*~~ *lernen*

## Deutung für den Schlussteil

Für die Deutung eines fiktionalen Textes ist es notwendig, zusätzlich zum dargestellten Geschehen (*wer?, was?, wann?, wo?, warum?)* die Problematik und die Aussage des Textes sowie die Absicht des Autors herauszuarbeiten. Ein Schritt auf dem Wege dahin ist z.B. die Deutung der sprachlichen Bilder im Text.

**1...** Suchen Sie im Text die Stellen, die zu folgenden Deutungen führen.

| **Deutungen** | **Textstellen** |
|---|---|
| | Strophe 2 |
| *Anfangs ist der Sohn zuversichtlich,* | „So ist der Sohn fröhlich gegangen |
| *denn der Weg ist ihm bekannt.* | […] |
| | Denn er kannte jeden Steg." |
| | Strophe 3 |
| *Der Sohn verliert seine Zuversicht* | |
| *in der fremden Umgebung.* | |
| | Strophe 4 |
| *Der Sohn verliert die Orientierung.* | |
| | Strophe 5 |
| *Er kann die Zeichen der Natur* | |
| *nicht verstehen.* | |

**Schlussfolgerung:**

Der Sohn hat nicht gelernt,

denn der Vater hat versäumt,

und der Sohn

**2...** Deuten Sie den Refrain.

| | |
|---|---|
| *„Lang ist der Weg. Wo ist sein End?* | • steht für |
| *Ist kein Weiser, der's nennt?"* | • |

## Zitieren

Behauptungen, die man bei der Deutung eines Textes macht, müssen belegt werden. Dazu verwendet man entsprechende Textstellen als Zitate (wörtliche Wiedergaben des Textes). Diese werden in Anführungszeichen gesetzt und mit Zeilenangaben versehen. Sie können am Anfang des Satzes stehen oder passend in den Satz eingebaut werden. (S. S. 18)
Beispiele:
Die Textstelle „Und der Sohn wollte Städte sehen“ (Strophe 1, Z. 4) begründet, warum der Sohn den Auftrag des Vaters gerne annimmt.
Zunächst ist der Sohn zuversichtlich, „denn er kannte jeden Steg“ (Strophe 2, Z. 10), heißt es im Text.

**1...** Fügen Sie in die unten stehende Deutung des Textes die passenden Zitate ein.

*Je mehr sich der Sohn aus der bekannten Umgebung entfernt, desto unsicherer wird er, und er bereut seinen Entschluss, denn „ .......................................... “ (Str. 3, Z. 16). Er kann sich weder an den Zeichen am Himmel orientieren, „ .......................................... “ (Str. 4, Z. 20), noch an der Umgebung. Die Bilder „ .......................................... “ (Str. 5, Z. 25) und „ .......................................... “ (Str. 5, Z. 27) zeigen, dass er die Zeichen der Natur und der Erde nicht deuten kann. Der Vater hat ihm nur Geld gegeben und das Ziel genannt, ohne ihm beizubringen, wie das Ziel zu finden ist und woran man sich orientieren kann. Er „ .......................................... “, heißt es in Strophe 6, Zeile 31. Der Sohn ist allein und auf sich gestellt, denn es „ .......................................... “ da, der Auskunft geben könnte, wie der Refrain nach jeder Strophe wiederholt. An die Jugendlichen werden Erwartungen gestellt, ohne dass die Elterngeneration Möglichkeiten aufzeigt, wie diese Erwartungen zu erfüllen sind. Allerdings fragt die junge Generation auch nicht um Rat.*

**2...** Schreiben Sie für den Schluss zu der Inhaltsangabe zwei bis drei Sätze, die Ihre eigene Beurteilung der Problematik in dieser Ballade zum Ausdruck bringt.

Meiner Meinung nach ..........................................

# Übungen zur Textinterpretation

Interpretieren heißt einen fiktionalen Text zu erschließen und zu erklären. Dabei wird das Geschehen zusammengefasst und der Inhalt gedeutet, indem die Wechselwirkung zwischen Inhalt und Textgestaltung berücksichtigt wird.

## Das Geschehen

**1**... Lesen Sie den folgenden Text. Unterstreichen Sie die wichtigen Stellen und schreiben Sie die Stichworte heraus.

**Das schönste Mädchen** · Peter Stamm

*Nach fünf milden und sonnigen Tagen auf der Insel zogen Wolken auf. In der Nacht regnete es und am nächsten Morgen war es zehn Grad kälter. Ich ging über den Rif, eine riesige Sandebene im Südwesten, die nicht mehr Land und noch nicht Meer ist. Ich konnte nicht sehen, wo das Wasser begann, aber es war mir, als sähe ich die Krümmung der Erde. Manchmal kreuzte ich die Spur eines anderen Wanderers. Weit und breit war kein Mensch zu sehen. Nur hier und da lag ein Haufen Tang oder ragte ein schwarzer, vom Meerwasser zerfressener Holzpfahl aus dem Boden. Irgendwo hatte jemand mit bloßen Füßen ein Wort in den feuchten Sand gestampft. Ich ging um die Schrift herum und las „ALIEN“*[1]*. In der Ferne hörte ich das Fährschiff, das in einer halben Stunde anlegen würde. Es war mir, als hörte ich das monotone Vibrieren mit meinem ganzen Körper. Dann begann es zu regnen, leicht und unsichtbar, ein Sprühregen, der sich wie eine Wolke um mich legte. Ich kehrte um und ging zurück.*

*Ich war der einzige Gast in der Pension. Wyb Jan saß mit Anneke, seiner Freundin, in der Stube und trank Tee. Der Raum war voller Schiffsmodelle, Wyb Jans Vater war Kapitän gewesen. Anneke fragte, ob ich eine Tasse Tee mit ihnen trinken wolle. Ich erzählte ihnen von der Schrift im Sand.*

„Alien“*, sagte ich, „genauso habe ich mich gefühlt auf dem Rif. Fremd, als habe die Erde mich abgestoßen.“ Wyb Jan lachte und Anneke sagte: „Alien ist ein holländischer Frauenname. Alien Post ist das schönste Mädchen der Insel.“*

*„Du bist das schönste Mädchen der Insel“, sagte Wyb Jan zu Anneke und küsste sie. Dann klopfte er mir auf die Schulter und sagte: „Bei diesem Wetter ist es besser, zu Hause zu bleiben. Draußen verliert man leicht den Verstand.“*

*Er ging in die Küche, um eine Tasse für mich zu holen. Als er zurückkam, machte er Licht und sagte: „Ich werde dir einen Elektroofen ins Zimmer stellen.“ „Ich möchte wissen, wer das geschrieben hat“, sagte Anneke. „Meinst du, Alien hat endlich einen Freund gefunden?“*

[1] **alien** (engl.): außerirdisch, fremd

**Stichworte**

am sechsten Tag auf der Insel

Wetterumschwung

Spaziergang über den Rif

Einsamkeit

## Einleitung und Hauptteil der Inhaltsangabe

Am Anfang der Textinterpretation steht eine Inhaltsangabe, bei der der Schluss entfällt bzw. in die weiterführende Interpretation übergeht.

**1...** Vervollständigen Sie anhand Ihrer Stichworte die Gliederung.

Einleitung: Textsorte: Kurzgeschichte

Titel:

Autor:

Thema:

Hauptteil: Zeit:

Ort:

Personen:

Geschehen:

**2...** Schreiben Sie in vollständigen Sätzen die Einleitung und den Hauptteil der Inhaltsangabe.

Einleitung: Die Kurzgeschichte „Das schönste Mädchen“ von

handelt von

Hauptteil:

## Die Interpretation

Um für die Interpretation die Wechselwirkung zwischen Textinhalt und Textgestaltung berücksichtigen zu können, ist es wichtig, dass Sie die einzelnen Aspekte der Textgestaltung – Erzählperspektive, Handlungsaufbau, Personen, Stil und Sprache – genauer analysieren.

### Erzählperspektive

**1** ... Aus welcher Perspektive, d.h. aus wessen Sicht, wird das Geschehen erzählt? ..........

### Handlungsaufbau

**2** ... Der Text besteht aus zwei Teilen, die durch einen Ortswechsel markiert werden. Vervollständigen Sie die unten stehenden Sätze.

*Im ersten Teil des Textes (Z. 1–18) spielt die Handlung* .......... *. Das Geschehen des zweiten Teils (ab Z. 19) findet* .......... *statt.*

### Personen

**3** ... Die Wahrnehmungen, die der Ich-Erzähler bei seinem Spaziergang am Strand macht, können als Hinweise auf sein inneres Befinden gedeutet werden.
Finden Sie zu folgenden Textbelegen die passenden Deutungen.

| **Textbelege** | **Deutungen** |
|---|---|
| *a) Die Beschreibung des Wetterumschwunges „zogen Wolken auf" (Z. 1 f.), „regnete es" (Z. 2), „zehn Grad kälter" (Z. 3)* | • zeigt die Wahrnehmung unwirtlicher Witterungsverhältnisse. Sie lässt Rückschlüsse auf die Stimmungslage des Ich-Erzählers zu. |
| *b) Die Beschreibung der Sandebene, in der „kein Mensch zu sehen" war (Z. 8 f.)* | • .......... |
| *c) „Die Spur eines anderen Wanderers" (Z. 7 f.)* | • .......... |
| *d) Dass nur „hier und da" (Z. 9) ein Haufen Tang liegt oder ein „schwarzer, vom Meer zerfressener Holzpfahl aus dem Boden" ragt (Z. 10 f.)* | • .......... |
| *e) Das Fährschiff „in der Ferne" (Z. 13)* | • .......... |
| *f) „Ein Sprühregen, der sich wie eine Wolke um mich legte" (Z. 12 f.)* | • .......... |
| *g) Dass er das Wort „Alien" auf sich bezieht, „fremd, als habe die Erde" ihn abgestoßen (Z. 25 f.)* | • .......... |

**Deutungen**

1. ... ist wie ein Schlüssel zu seiner eigenen Situation und zeigt das Ausmaß seiner Verlorenheit.
2. ... betont das Gefühl des Alleinseins, er kann mit niemandem Kontakt aufnehmen.
3. ... verstärkt das Gefühl der Einsamkeit durch die Wahrnehmung lebloser, dunkler, verfallender Dinge.
4. ... ist ein Bild für seinen Eindruck, in der Kälte gefangen zu sein.
5. ... zeigt, dass er sich ausgeschlossen und fern von den Menschen fühlt.
6. ... zeigt, dass sich der Ich-Erzähler einsam fühlt.

Die Erkenntnisse über das innere Befinden des Ich-Erzählers sind bei dieser Kurzgeschichte wichtiger Bestandteil der Charakterisierung der Hauptperson. Weiterhin müssen Sie beachten, was die Person tut und was sie sagt. Ihre eigenen Ansichten und Urteile über die Person müssen Sie am Text belegen, indem Sie die entsprechenden Textstellen zitieren (s. S. 37).

**4...** Fügen Sie in die folgende Charakterisierung des Ich-Erzählers die passenden Zitate ein.

*Der Ich-Erzähler macht Urlaub auf einer Insel. Er wohnt in einer Pension, in der er der „einzige Gast“ (Z. 19) ist. Er fühlt sich einsam und verloren. Dies zeigt sich in der Schilderung seines Spaziergangs auf dem Rif. Es ist* .................................................. *(Z. 8 f.), nur ab und zu die* .................................................. *(Z. 7 f.). Dass es nur* ein *Wanderer ist, betont das Gefühl des Alleinseins. Er kann mit niemandem Kontakt aufnehmen. Nachdem in der Ferne nur Land und Wasser zu erspähen gewesen sind, geht er schließlich mit gesenktem Kopf und nimmt nun nur noch dunkle, tote, verrottende Dinge am Boden wahr.* ..................................................
..................................................
.................................................., *heißt es in den Zeilen 9–11.* .................................................. *(Z. 13) hört er das Fährschiff, und zwar mit seinem* .................................................. *(Z. 16). Es verstärkt sich das Gefühl, ausgeschlossen zu sein, fern von der Stelle, wo Menschen sind, wo man der Einsamkeit entkommen könnte. Der* .................................................. *(Z. 17 f.) um ihn legt, bringt sein Gefühl zum Ausdruck, in der Kälte gefangen zu sein. Dass es sich hier nicht nur um eine momentane schlechte Laune handelt, bedingt durch den Wetterumschwung, der am Anfang des Textes beschrieben wird, zeigt das Missverständnis der Schrift im Sand. „Alien“ bedeutet für ihn fremd, außerirdisch und führt zu den negativen Schlussfolgerungen* .................................................. *(Z. 25) und* .................................................. *(Z. 26). Dieser letzte Satz zeigt sehr deutlich das Ausmaß seiner Verlorenheit und seine negative Einstellung den Dingen und dem Leben gegenüber.*

**5...** Im zweiten Teil der Kurzgeschichte (Z. 19 ff.) kommen zwei weitere Personen dazu. Vervollständigen Sie die Skizze.

Ich-Erzähler (Urlauber) .................................................. und ..................................................
(..................................................) (..................................................)

Aussagen zur Person können Sie belegen, indem Sie die entsprechenden Textstellen
- zitieren (S. 37),
- in indirekter Rede wiedergeben (S. 12, 65),
- zusammenfassen.

**6** ... Was für ein Mensch ist Wyb Jan? Vervollständigen Sie die Deutungen anhand der Textbelege und suchen Sie zu den Deutungen die fehlenden Textbelege.

| **Deutungen** | **Textbelege** |
|---|---|
| • *Bei Wyb Jan ist es warm und gemütlich.* | • *Er „saß mit Anneke, seiner Freundin, in der Stube und trank Tee“ (Z. 19 f.).* |
| • ........................ | • *Er sagt, sie sei das schönste Mädchen der Insel, und küsst sie (Z. 30 f.).* |
| • ........................ | • *Er hat eine Freundin. Der Raum ist mit Schiffsmodellen ausgestattet, weil sein Vater Kapitän gewesen ist.* |
| • *Er ist unbeschwert und fröhlich.* | • ........................ |
| • *Er merkt, wie es um seinen Gast steht, und beruhigt ihn.* | • ........................ |
| • *Er weiß, was getan werden muss, damit der Gast sich nicht mehr fremd und ausgestoßen fühlt.* | • ........................ |

**7** ... Schreiben Sie nach dem Muster auf S. 41 eine kurze Charakterisierung Wyb Jans. Beachten Sie dabei, was er tut und was er sagt.

Aus der Gegenüberstellung der beiden Handlungsteile und der beiden Personen ergibt sich die Aussage dieser Geschichte.

**8**... Zeigen Sie auf, wodurch Wyb Jan als Kontrastgestalt zum Ich-Erzähler dargestellt wird.

| **Ich-Erzähler** | **Wyb Jan** |
| --- | --- |
| • *ist draußen im Regen,* | ........ |
| • *ist ein Fremder,* | ........ |
| • *fühlt sich ausgestoßen,* | ........ |
| • *nimmt Umgebung passiv und negativ wahr.* | ........ |

**9**... Schreiben Sie folgende Zusammenfassung zu Ende.

*Der Autor Peter Stamm zeigt in seiner Kurzgeschichte zwei gegensätzliche Lebenseinstellungen. Während der Ich-Erzähler* ........

........

verkörpert Wyb Jan ........

........

## Stil und Sprache

Satzbau, Wortwahl und sprachliche Bilder unterstützen die Aussage eines Textes und verstärken die Wirkung auf den Leser.

**1**... Welche Wirkung haben

a) die kurzen, einfachen Sätze? ........

b) die häufig auftauchenden Wörter *Wolke, Regen, Wasser* im ersten Teil der Geschichte? ........

c) die sprachlichen Bilder des ersten Teils? Zum Beispiel *„schwarzer, vom Meerwasser zerfressener Holzpfahl“* (Z. 10 f.), *„ein Sprühregen, der sich wie eine Wolke um mich legte“* (Z. 17 f.) ........

d) die Wörter *Stube, Licht, Tee* im zweiten Teil der Geschichte? ........

## Beurteilungen

**1**... Die Beurteilung der beiden Lebenseinstellungen und das Finden einer Lösung für die dargestellte Problematik überlässt der Autor dem Leser.
Schreiben Sie auf einem gesonderten Blatt in zwei bis drei Sätzen Ihre Ansicht dazu.

**2**... Schreiben Sie zum Abschluss der Interpretation auf einem gesonderten Blatt ein bis zwei Sätze, die Ihre Beurteilung dieser Geschichte enthalten. (S. S. 33.)

Der Text hat mir gefallen / nicht gefallen, denn … ........

# Beschreibung

Für alle Formen der Beschreibung gilt: Sie sollen Bilder und Handlungsabläufe in Worte umsetzen. Dinge, Vorgänge oder Menschen beschreiben Sie beispielsweise, wenn Sie etwas verloren haben, jemandem die Funktionsweise eines technischen Gerätes erläutern oder eine Ihnen bekannte Person so darstellen, dass ein Fremder sie erkennen kann.
Beschreibungen sollen immer • präzise • anschaulich • eindeutig • klar gegliedert sein. Sie werden in der Zeitform der Gegenwart (Präsens) abgefasst.

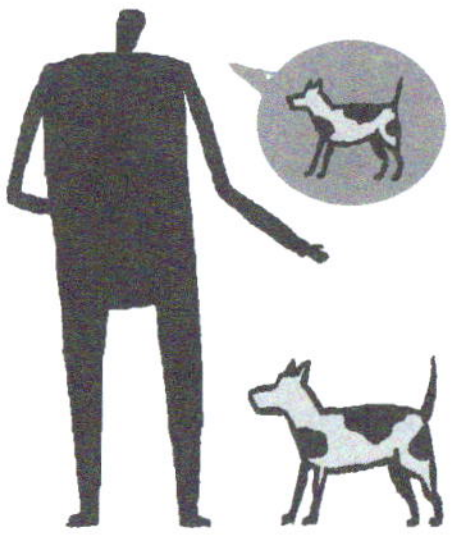

## Sprachliche Übungen

**Der präzise Ausdruck**

1... a... Wie heißt das Ding, mit dem eine Schublade aufgezogen wird?

b... Wie heißt das Ding, auf das der Fahrradfahrer tritt?

c... Wie heißt das Ding, in dem sich die Farbe eines Tintenstrahldruckers befindet?

**Der anschauliche Ausdruck**

2... Womit lassen sich die drei Gesichtsformen vergleichen?

a...

b...

c...

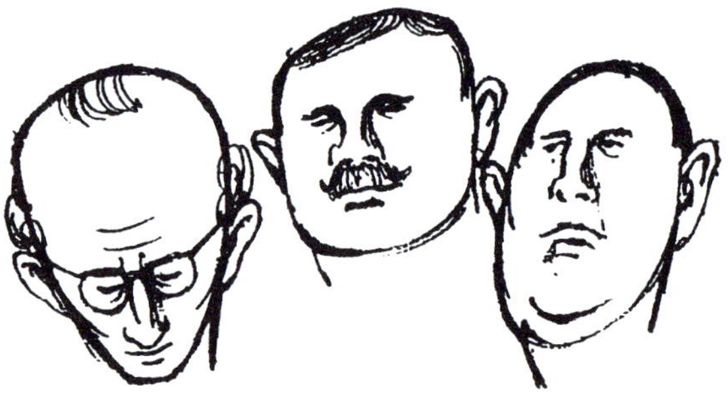

**Die eindeutige Unterscheidung**

3... a... Worin unterscheidet sich eine Biene von einer Wespe?

b... Worin unterscheidet sich eine Tasse von einem Becher?

c... Worin unterscheidet sich ein Taschenbuch von einem Hardcoverbuch?

## Gliederungsprinzip

*Der Wohnraum misst fünf Meter in der Breite, sieben Meter in der Länge und 2,5 Meter in der Höhe. Bücherregale säumen die Wände. Der Tisch steht frei mitten im Raum, darauf liegt eine weiß-blau gewürfelte Decke und in ihrer Mitte steht die Kaffeekanne mit dem spitzen Deckel.*

1... Welches Gliederungsprinzip wurde bei diesem Text gewählt?

## Vorgangsbeschreibung

Eine Vorgangsbeschreibung erfordert eine genaue und korrekte Darstellung. Das heißt, Sie sollten jeden Einzelvorgang in der Reihenfolge, in der der Gesamtvorgang abläuft, beschreiben und dabei – wenn es nötig ist – Fachbegriffe verwenden.

**1... a...** Warum versteht das Kind in diesem Comic-Strip nicht, wie ein Toaster funktioniert?

**b...** Formulieren Sie die Erklärung der Mutter um, sodass das Kind sie begreifen kann.

**2...** Verfassen Sie schriftlich einen zusammenhängenden Text, in dem Sie einer anderen Person erklären, wie mit Ihrem Mobiltelefon Gespräche geführt werden.

**Leitfragen:**
- Wie schalte ich das Handy ein?
- Wie rufe ich mit dem Handy an?
- Worauf muss ich bei dem Gespräch achten?
- Wie beende ich ein Gespräch?
- Wie nehme ich einen Anruf entgegen?
- Wie schalte ich das Handy aus?

**Sprachliche Hilfen:**
Einschalttaste • gedrückt halten • Vorwahl • Rufnummer • Korrekturtaste • löschen • gespeicherte Rufnummern • Gesprächsteilnehmer • Mikrofon • automatische Wahlwiederholung • Rufton • Vibrationsalarm • Anruf entgegennehmen • zuerst • als Nächstes • erst • danach • nun • anschließend • wenn ..., dann • sobald ..., ...

Um das Handy einzuschalten, musst du ...

## Spielanleitung

**1**... Ergänzen Sie die folgende Beschreibung des „Mensch ärgere dich nicht“-Spieles.

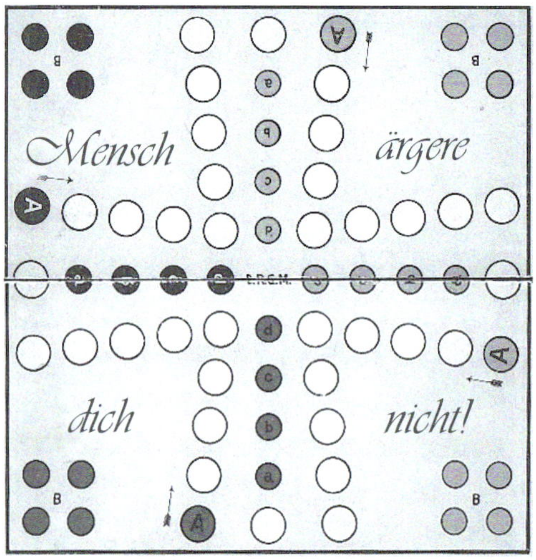


*An diesem Spiel können ............ bis ............ Personen teilnehmen. Jeder ............................................................ erhält vier ............................................................, die am Spielbeginn jeweils in einer der vier Ecken des ............................ aufgestellt werden. Reihum wird ............................, ein Spielkegel darf im Uhrzeigersinn um so viele Felder ............................................ ............................, wie es der gewürfelten Zahl ............................. . Wenn das so erreichte Feld auf dem Brett bereits von dem Kegel eines Mitspielers besetzt ist, so muss dieser ............................................ ............................................................ . Gewonnen hat der Mitspieler, der das Spielfeld mit allen vier Kegeln einmal und die vier Spielfiguren in ihrem „Hafen“ unterbringt. Dieser Hafen befindet sich ............................................................*

............................................................................................................................................

............................................................................................................................................

............................................................................................................................................ .

**2**... Verfassen Sie in ähnlicher Weise eine Spielanleitung für ein anderes Brettspiel (z. B. Dame, Mühle oder Halma).

............................................................................................................................................

## Gegenstandsbeschreibung

Eine Gegenstandsbeschreibung finden Sie bei Verlustanzeigen (siehe unten), bei Verkaufsangeboten oder als Teil einer Gebrauchsanleitung. Es kommt dabei darauf an, den entsprechenden Gegenstand so darzustellen, dass er eindeutig identifizierbar ist, dass man ihn also von anderen, ähnlichen Dingen unterscheiden kann. Dazu dienen möglichst genaue Angaben über

- die Größe,
- das Material (z. B. Kunststoff, Metall, Leder, Textilstoff),
- die Farbe,
- die Form insgesamt (z. B. rund, quadratisch, oval),
- die einzelnen Bestandteile und ihre Funktion,
- die besonderen Merkmale (z. B. Firmenlogos, Gravuren[1], Beschädigungen).

Als Gliederungsprinzip bietet sich in der Regel an:

- von der äußeren Gestalt zu den Einzelheiten.

**1...** Sie haben im Waschraum einer Autobahnraststätte Ihre Armbanduhr (siehe Abbildung) liegen lassen und bemerken den Verlust erst, als Sie schon wieder weitergefahren sind. Sie rufen in der Raststätte an, um zu fragen, ob die Uhr gefunden wurde. Am Telefon beschreiben Sie die Uhr.
Vervollständigen Sie die folgende Gegenstandsbeschreibung.

*Es handelt sich um eine Herrenarmbanduhr mit einem schwarzen Lederband. Der Durchmesser des Zifferblatts beträgt ungefähr ...*

[1] **Gravur:** in Metall eingeritzter Schriftzug oder eingeritztes Bild

## Personenbeschreibung

Menschen sind besonders schwer zu beschreiben, weil
- sie sich nicht „vermessen“ lassen,
- sie in einer sehr großen Zahl von Äußerlichkeiten Unterschiede aufweisen,
- uns oft gar nicht bewusst ist, was die Ausstrahlung einer Person ausmacht.

Dennoch gibt es charakteristische äußerliche Merkmale, die einen Menschen vom anderen unterscheiden und die sich beschreiben lassen.

**1**... Wie können Menschen aussehen? Finden Sie möglichst viele unterschiedliche Beschreibungen. Verwenden Sie Adjektive, bildliche Vergleiche und Kurzsätze.

Körperbau *wie eine Bohnenstange, dürr, athletisch ...*

Kopfform

Haare

Nase

Augen

Kleidung

besonders auffällige Merkmale

**2...** Verfassen Sie in einem zusammenhängenden Text eine Personenbeschreibung dieses Mädchens. Orientieren Sie sich an den folgenden Leitfragen:

- Wie alt könnte das dargestellte Mädchen sein?
- Welche Einzelmerkmale sind zu erkennen? (Schauen Sie die Person von oben nach unten an und beschreiben Sie: Haare, Gesichtsform, Gesichtsausdruck, Nase, Kleidung, Haltung, Beine, Füße).

# Bericht

Im Alltag berichten Sie oft, meistens mündlich, manchmal auch schriftlich, zum Beispiel in einem Brief aus dem Urlaub, was Sie erlebt haben. Für solche persönlichen Berichte gibt es selbstverständlich keine „Vorschriften".
Es gibt aber berufliche und private Situationen, in denen Sie schriftliche oder mündliche Berichte abfassen, die bestimmten formalen Anforderungen genügen müssen, beispielsweise

- Praktikumsbericht,
- Stundenbericht,
- Tätigkeitsbericht,
- Protokoll,
- Unfallbericht,
- Bericht für die Schülerzeitung oder eine Vereinsmitteilung.

Solche Berichte sollen korrekte Informationen enthalten und sachlich über einen Tatbestand aufklären.

## Gliederung eines Berichts

**1** ... Bringen Sie die Sätze des folgenden Unfallberichts in die richtige Reihenfolge. Tragen Sie die entsprechenden Buchstaben in die Tabelle am unteren Blattrand ein.

A *Plötzlich begann es zu regnen.*

B *Der Porsche kam aus mir unverständlichen Gründen von der Fahrbahn ab und prallte gegen meinen Wagen auf der Standspur; ich selber konnte mich gerade noch durch einen Sprung über die Leitplanke retten.*

C *Ich stieg aus und begab mich hinter mein Fahrzeug, um das Verdeck anheben zu können.*

D *Wie sich nach dem Unfall herausstellte, handelte es sich um den grauen Porsche des Programmierers Ulf Kranzer, polizeiliches Kennzeichen des Fahrzeugs: WN-UK 4321.*

E *Am Sonntag, dem 20. August 20.., fuhr ich, Gisela Schnitter, mit meinem roten Golf Cabrio, polizeiliches Kennzeichen S-EM 1234, um circa 23.30 Uhr auf der Bundesstraße 14 durch Stuttgart-Bad Cannstatt Richtung Waiblingen.*

F *Um das Verdeck schließen zu können, hielt ich kurz vor der Ausfahrt Waiblingen Süd auf der rechten Standspur an.*

G *An meinem Fahrzeug entstand ein erheblicher Schaden; der eingeschaltete Kfz-Sachverständige hat sich noch nicht zu der Frage geäußert, ob sich eine Reparatur noch lohnt.*

H *Von hinten näherte sich mit großer Geschwindigkeit ein Fahrzeug.*

I *Ich hatte das Verdeck meines Wagens zurückgeklappt, weil die Luft noch recht warm war, als ich die Fahrt antrat.*

| 1 | 2 | 3 | 4 | 5 | 6 | 7 | 8 | 9 |
|---|---|---|---|---|---|---|---|---|
| | | | | | | | | |

Bericht !

Ei … s *wann wo* geschehen ist, *wer* beteiligt war,
w … haben und *warum* die Ereignisse eingetreten
s …

… st.
… der *direkten Rede* wörtlich zitiert oder in der
… l. S. 12 und 65.)
… rmieren, es sollte keine Stellungnahme oder
… n erkennbar sein.

## … ssen

… Schülerzeitung über ein großes Schulfest mit 800 Gästen an … schen Kreisberufsschule in Mahlberg. Dieses Fest fand anlässlich der Vierzigjahrfe… Schule am Freitag, dem 19. Januar 20.., von 17.00 bis 22.30 Uhr statt. Die Schulleiterin Kranz stürzte während ihrer Begrüßungsrede auf dem Podium und verletzte sich leicht, weil sie über ein Kabel gestolpert war.

Denken Sie sich weitere Einzelheiten selber aus.

## Einen Unfallbericht verfassen

*Kurz vor Schuljahresende treffen sich zwei Schülerinnen der Wirtschaftsschule am Kaufmännischen Berufsschulzentrum in Konradshausen im Bus.*

**Sabrina:** *Hallo, was machst du denn für ein Gesicht? Morgen ist doch der letzte Schultag!*

**Verica:** *Jutta liegt im Krankenhaus.*

**Sabrina:** *Die Jutta Kern? Wieso das denn? Die war doch heute in der großen Pause noch vollkommen gesund. Was hat sie denn?*

**Verica:** *Das weiß ich noch nicht genau. Die Sanitäter haben gesagt, das sehe nach einem Beckenbruch aus. Die muss tierische Schmerzen gehabt haben. Sie hat unheimlich gebrüllt und die stellt sich ganz bestimmt nicht besonders an.*

**Sabrina:** *Was war denn los?*

**Verica:** *Ach, alles wegen der blöden Hella Michel!*

**Sabrina:** *Jetzt erzähl doch mal! Was hat Hella damit zu tun?*

**Verica:** *Die hat keine Hilfestellung geleistet. Die stand einfach daneben, dabei muss sie gesehen haben, dass Jutta zu viel Schwung hatte, die ist wahnsinnig schnell angelaufen gekommen.*

**Sabrina:** *Also ist das im Sportunterricht passiert? Ich sag's ja immer: Sport ist Mord! Ich weiß schon, warum ich mich möglichst davor drücke.*

**Verica:** *Jutta macht Sport gern, die ist auch gut!*

**Sabrina:** *Und warum hat sie sich dann verletzt? Habt ihr nicht bei Frau Schreiner Sport? Die hatten wir letztes Jahr auch. Die ist doch unheimlich ängstlich und vorsichtig. Jetzt sag doch mal, wie das passieren konnte!*

**Verica:** *Beim Barrenturnen. Beim Abgang ist Jutta irgendwie mit dem linken Bein am Holm hängen geblieben und so komisch schief auf die rechte Pobacke geknallt. Erst haben alle noch gelacht und dann haben wir gemerkt, dass sie sich richtig verletzt hatte.*

**Sabrina:** *Und Hella hätte Hilfestellung leisten sollen?*

**Verica:** *Hätte sie, hat sie aber nicht. Sie hat behauptet, Jutta hätte beim Anlaufen mit dem Kopf geschüttelt, so als ob sie keine Hilfestellung haben wollte. Frau Schreiner hat Hella unheimlich angebrüllt, aber da war es schon zu spät.*

**Sabrina:** *Heute ist es auch viel zu heiß für Sport. Und außerdem war ich immer schon dagegen, dass wir bis zum letzten Tag im Juli Schule haben. Woanders sind schon längst Ferien. Aber jetzt weiß ich wenigstens, warum kurz vor zwölf vor der Schule die Sirene zu hören war. Das war wohl der Rettungswagen.*

**Verica:** *Ja, die Sanitäter waren nach zehn Minuten da. Frau Schreiner hat sie sofort angerufen, die hatte wohl gleich gesehen, dass etwas Schlimmeres los war.*

**Sabrina:** *Du, ich muss hier raus. Wenn du Jutta im Krankenhaus besuchst, dann wünsch ihr von mir gute Besserung!*

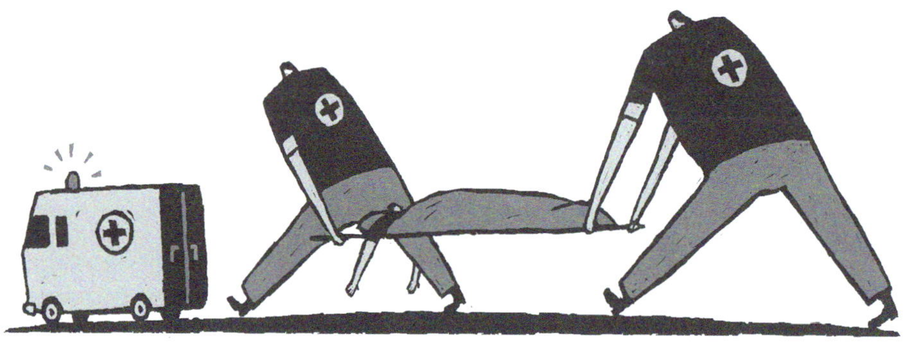

**1...** Ermitteln Sie aus den Äußerungen der Schülerinnen stichwortartig die Antworten auf die folgenden Fragen:

*Was* ist geschehen?

*Wann* ist es geschehen? (Datum und ungefähre Uhrzeit)

*Wo* ist es geschehen?

*Wer* war an dem Vorfall beteiligt?

*Wie* ist es geschehen?

*Warum* kam es zu dem Unfall?

*Welche* Folgen hatte der Unfall?

**2...** Verica wird gebeten, als Zeugin des Vorfalls einen Unfallbericht für die Schülerunfallversicherung abzufassen. Formulieren Sie diesen Bericht in einem zusammenhängenden Text mit Hilfe Ihrer Stichworte.

# Privater Geschäftsbrief

## Anlass und Adressat

Private Geschäftsbriefe sind „Briefe mit offiziellem Charakter“ (Knaurs Handbuch Reden und Musterbriefe. Mit CD-Rom. Weltbild Verlag GmbH, Augsburg 2001), die Sie als Privatperson an Behörden, Versicherungen, Firmen und ähnliche Einrichtungen schreiben, oder an Personen, die nicht zur Familie oder zu Ihrem Bekanntenkreis gehören, wie z. B. Vermieter, Lehrer, Vorgesetzte.
Der Zweck solcher Briefe kann sein: zu informieren, sich zu beschweren, um etwas zu bitten, etwas zu beantragen usw. Die schriftliche Form – im Gegensatz zur telefonischen Mitteilung – hat den Vorteil, dass Sie ein „Beweisstück“ vorlegen können. Im Alltag gibt es vielerlei Anlässe, solche Briefe zu schreiben.

1... Ina und Erkan, beide 18 Jahre und Auszubildende im 2. Lehrjahr, haben bisher schon in unterschiedlichen „Rollen“ private Geschäftsbriefe verfasst. Zum Beispiel haben sie als Schüler (Rolle) Bewerbungsbriefe (Anlass) an verschiedene Ausbildungsbetriebe (Adressat) geschrieben.
Denken Sie sich weitere Anlässe aus und tragen Sie diese in die Tabelle ein. Formulieren Sie den Anlass jeweils stichwortartig im Nominalstil, denn so erscheint er als Betreffzeile auch im Brief.

| | **Rolle** | **Adressat** | **Anlass/Betreff** |
|---|---|---|---|
| a) | Schüler/-in | Ausbildungsbetriebe | *Bewerbung um eine Lehrstelle* |
| b) | Schüler/-in | Klassenlehrer/-in | |
| c) | Klassensprecher/-in | Schulleiter/-in | |
| d) | Auszubildende/-r | Ausbildungsleiter/-in | |
| e) | Käufer/-in | Computerladen | |
| f) | Autofahrer/-in | Versicherungsgesellschaft | |
| g) | Mitglied | Fitnessstudio | |
| h) | Bürger/-in | Oberbürgermeister/-in | |

## Form privater Geschäftsbriefe

Das Erscheinungsbild Ihrer Briefe ist Ihre Visitenkarte, d. h., Sie müssen Ihren Briefen eine ordentliche Form geben, denn Sie wollen ja einen guten Eindruck machen. Für Geschäftsbriefe zwischen Firmen ist die Grundlage die DIN 5008; die wichtigsten Regeln daraus sollten auch auf den privaten Geschäftsbrief angewendet werden (siehe Musterbrief rechts).

1... Stellen Sie die formalen Regeln für die mit Ziffern gekennzeichneten Stellen im Musterbrief auf.

1 *Schriftgröße: 10 Punkt (bis 12 Punkt, je nach Textlänge)*

2

3

4

5 ..........

6 ..........

7 ..........

8 ..........

9 ..........

Musterbrief

1 Ina Wiesel
Arnulfstr. 7
89777 Pulverhausen

Erkan Yilderim
Karlstr. 21
89777 Pulverhausen

•
•
•
•
•
•

Stadtverwaltung Pulverhausen
Der Oberbürgermeister
Frau Dr. Lea Merk
Augsburger Straße 15
89777 Pulverhausen

•
•
•
•

20 . .-04-25 2

3 **Antrag auf einen Jugendtreff auf dem Scharf-Areal**

•
•

4 Sehr geehrte Frau Dr. Merk,

•

5 auf der letzten Sitzung des Jugendparlaments am 23. April wurde von den Beteiligten der Wunsch geäußert, auf dem Scharf-Areal für uns einen Jugendtreff einzurichten. Herr Max Hering vom Jugendamt gab uns den Rat, Ihnen unser Anliegen in einem Brief vorzutragen.

6 •

Das Jugendcafé „Büchse" in der Schützenstraße ist in unserer Stadt die einzige Einrichtung, wo wir Jugendlichen uns treffen können, ohne viel Geld für Getränke, kleine Mahlzeiten oder das Billardspiel ausgeben zu müssen. Allerdings ist das Café viel zu klein und es schließt bereits um 21 Uhr.

•

Die Halle 6 auf dem Scharf-Areal wäre für unsere Belange geradezu ideal, und zwar aus mehreren Gründen, von denen wir nur die beiden wichtigsten nennen:

•

7
- Die Größe der Halle lässt eine vielfältige Nutzung zu (s. Planzeichnung in der Anlage).
- Sie liegt weit entfernt von den Anwohnern der Bahnhofstraße, sodass keine Klagen wegen Lärmbelästigung zu befürchten sind.

•

Weitere Gründe und Ideen können Sie dem beigefügten Sitzungsprotokoll entnehmen. Die Liste mit weit über 100 Unterschriften zeigt Ihnen, wie sehr wir auf diesen Jugendtreff warten. Wir sind außerdem der Meinung, dass das Gelände nicht nur kommerziell genutzt werden sollte, sondern dass die Stadt hier die Gelegenheit hätte, für ihre Jugendlichen eine sinnvolle Freizeiteinrichtung zu schaffen.

•

Gerne würden wir unsere Wünsche mit Ihnen persönlich besprechen und hoffen daher, dass Sie in den nächsten Tagen Zeit für ein Gespräch mit uns haben.

•

8 Mit freundlichen Grüßen

•
• Ina Wiesel Erkan Yilderim
•

9 **Anlagen**
Protokoll der Sitzung des Jugendparlaments am 23. April
Planzeichnung der Halle 6
Unterschriftenliste

## Stil privater Geschäftsbriefe

Bringen Sie Ihr Anliegen kurz und klar vor, damit der Leser schnell versteht, worum es Ihnen geht. Formulieren Sie Ihren Brief mit positiven Wendungen, um den Leser freundlich zu stimmen, z. B. *Ich würde mich freuen, wenn ...* statt *Ich wäre tieftraurig, wenn ... nicht ...*
Sprechen Sie den Leser direkt an, das wirkt persönlicher.
Schreiben Sie möglichst nah an der gesprochenen Sprache, jedoch ohne kumpelhaft zu wirken.
Verwenden Sie eher kurze Sätze und gliedern Sie längere Sätze, wenn möglich, durch Semikolon bzw. Doppelpunkt.

**1...** Die Schüler und Schülerinnen der BFW 2/3 diskutieren über ihre Abschlussfahrt nach Berlin. Nach der Diskussion wollen sie ihre Wünsche einem Veranstalter von Jugendreisen schriftlich darlegen.
Worum geht es jeweils in den folgenden Diskussionsbeiträgen? Nennen Sie Oberbegriffe und ordnen Sie die geäußerten Wünsche stichwortartig in sachlichem Stil den Oberbegriffen zu.

*(A) Ich will aber ein Zimmer mit Klo und gescheiter Dusche. (B) Ich will vom Hotel aus shoppen gehen können, ohne erst lange irgendwohin fahren oder latschen zu müssen. (C) Ich möchte nicht erst ankommen, wenn es schon stockdunkel ist, dann ist der erste Tag schon fast futsch. (D) Ich will nicht ewig weit bis zur nächsten S-Bahn-Station marschieren. (E) Ich will nicht mit vier oder noch mehr Leuten in einem Zimmer hausen, aber auch nicht allein. (F) Ich möchte nicht in Hektik das Zimmer räumen, wenn's wieder heimwärts geht, am besten erst so gegen zwei oder drei.*

B + D: Lage der Unterkunft: ..............................

..............................

+ : ..............................

..............................

+ : ..............................

..............................

**2...** Schreiben Sie die folgenden Sätze so um, dass sie den oben stehenden Regeln entsprechen.

a) *Wir wären tieftraurig, wenn uns die Klassenreise nach London nicht genehmigt werden würde.*

..............................

..............................

b) *Ich könnte mich nur schwer damit abfinden, nicht an der Hochzeit meines Bruders teilzunehmen.*

..............................

..............................

c) *Ich befürchte, dass die Reparatur des Geräts in Ihrer Werkstatt nichts bringen wird.*

..............................

..............................

## Überzeugende Argumente

Wenn Sie um etwas bitten, ist es besonders wichtig, dass Sie überzeugende Argumente für Ihr Anliegen finden und diese auf den Leser zugeschnitten formulieren.

**1.** **a.** Fassen Sie die Argumente aus dem Musterbrief (S. 55) in Stichworten zusammen.

**b.** An welcher Stelle ist der Zuschnitt auf die Adressatin erkennbar? Begründen Sie Ihre Aussage.

**c.** Inwiefern ist der Schlusssatz geschickt formuliert?

**2.** Sie sind im 2. Ausbildungsjahr und möchten an einem Austauschprogramm für junge Berufseinsteiger teilnehmen (4 Wochen England), für das die EU Geld zur Verfügung stellt: für die Vermittlung einer Partnerfirma sowie Zuschüsse von 30 % zu den Ausgaben für Fahrten und die Unterkunft in einer Gastfamilie.

**a.** Sammeln Sie in Stichworten mindestens drei weitere Argumente, die den Vorgesetzten Ihres Ausbildungsbetriebes so überzeugen, dass er oder sie Ihre Freistellung genehmigt.

- Nutzung des EU-Programms zur Förderung eines vereinten Europas.
- 
- 
- 

**b.** Entwerfen Sie einen Antrag. Erfinden Sie die Einzelheiten wie z. B. den Zeitpunkt des Aufenthalts.
Bevor Sie ans Formulieren gehen, lesen Sie noch einmal das gesamte Kapitel, um sich Anregungen für Form und Stil eines solchen Briefes zu holen.
Nehmen Sie ein gesondertes Blatt, also einen richtigen Briefbogen, und orientieren Sie sich an der Form des Musterbriefes auf S. 55.

# Protokoll

## Das Wesentliche festhalten

Das Protokoll ist die Niederschrift, die über den Verlauf und die Ergebnisse einer öffentlichen oder privaten Verhandlung oder einer Sitzung gemacht wird, damit später nachgeprüft werden kann, was besprochen oder beschlossen worden ist.

**Podiumsdiskussion im Rathaus von Pulverhausen**
Sachverhalt: Die Firma Scharf ist ins Industriegebiet umgezogen und hat das Werkgelände am Rande der Innenstadt nahe beim Bahnhof an die Stadt verkauft. Diese hat das Anwesen in einen Freizeitkomplex mit Fitnessstudios, Einkaufsläden und unterschiedlichen Gastwirtschaften umgebaut und plant eine Ausweitung der Angebote. Die Anwohner protestieren, andere Interessengruppen sind begeistert. Der Bürgermeister hat zu einer Podiumsdiskussion eingeladen.

**1** ... Im Folgenden wird ein Ausschnitt aus der Diskussion wiedergegeben. Fassen Sie die Aussagen in Stichworten zusammen.

**Herr Markus Diehl, Bürgermeister:** *Liebe Bürgerinnen und Bürger, ich begrüße Sie herzlich in unserem Sitzungssaal und freue mich, dass Sie so zahlreich erschienen sind, obwohl heute der 7. Mai ist und um 19.30 Uhr, also in einer halben Stunde, das Qualifikationsspiel der Fußballnationalmannschaft übertragen wird. Dass Sie hier sind, zeigt das hohe Interesse, das Sie an der Gestaltung unserer Stadt haben. Ich danke Ihnen dafür. Wir von der Stadtverwaltung und Stadtplanung wissen, dass unsere Pläne für den Freizeitkomplex auf dem Scharf-Areal sowohl auf sehr hohes Interesse als auch auf heftigen Protest gestoßen sind. Wir nehmen Ihre Belange ernst und haben deshalb zu dieser Aussprache eingeladen. Ich begrüße die Podiumsrunde: Herrn Ralf Branke vom Stadtradio, der die Diskussion leiten wird, Frau Inge Born von der Stadtplanung, Frau Maria Betz, Leiterin der Abteilung Stadtmarketing, und Herrn Peter Ihring vom Tiefbauamt.*
*Herr Daniel Zoller wird Protokoll führen.*
*Wir wollen uns einen Zeitrahmen von etwa drei Stunden setzen.*

allgemeine Begrüßung

im Rathaus Kenntnis der Reaktionen auf Planung des Freizeitkomplexes

Grund der Veranstaltung

*Bevor wir in die Diskussion gehen, bitte ich Frau Born, unsere Pläne kurz darzustellen.*

**Frau Born:** *Sehr geehrte Damen und Herren, auch ich begrüße Sie herzlich und auch ich freue mich, dass Sie so zahlreich erschienen sind.*

*Und nun zu unseren Baumaßnahmen. Die Gebäude auf dem Werkgelände stehen unter Denkmalschutz. Sie können nicht abgerissen, sondern nur umfunktioniert werden. Wir planen, in einem ersten Bauabschnitt Halle zwei in ein Parkhaus mit 850 Parkplätzen und Halle drei in einen Kinokomplex mit zehn Vorführsälen umzubauen. Weiter soll die Halle sieben in eine Diskothek mit vier Ebenen umgewandelt werden. In die kleinere Halle vier wird die Tanzschule Kaiser einziehen. Die verbleibenden kleineren Räume werden einem Getränke- und einem Gemüsemarkt zur Verfügung gestellt. Ich bitte nun um Ihre Wortmeldungen. [...]*

## Formaler Rahmen

Das Protokoll hat dokumentarischen Charakter und daher einen formalen Rahmen. Dazu gehören am Anfang Angaben über Art, Datum, Ort und Teilnehmer der Veranstaltung sowie über das Thema der Diskussion und die genaue Uhrzeit des Beginns und des Endes der Veranstaltung. Am Schluss stehen die Unterschriften des Vorsitzenden und des Protokollanten.

**1...** Finden Sie in den Diskussionsbeiträgen von Herrn Diehl und Frau Born die genauen Angaben und tragen Sie diese in den Protokollkopf ein.

**Protokoll über die Podiumsdiskussion vom 07. 05. 20..**

Ort: ..........

Anwesend: Markus Diehl (Bürgermeister), Ralf Branke (Stadtradio)

..........

Protokoll: ..........

Thema: ..........

Beginn: ..........

Ende: ..........

## Sprachliche Form

Der Protokollant muss sachlich und unparteiisch berichten, d. h. ohne Ausschmückungen und ohne Wörter, die eine eigene Wertung oder Meinung enthalten.

**1...** Unterstreichen Sie im folgenden Text erst alle Begriffe und Wendungen, die unsachlich und parteiisch sind, und fassen Sie den Text anschließend kürzer zusammen.

*Nachdem unser Bürgermeister alle Anwesenden herzlich begrüßt hat, lobt er das hohe Interesse der Leute an der Gestaltung unserer Stadt. Er behauptet zwar, dass man im Rathaus voll informiert sei darüber, dass die Pläne zur Umgestaltung des Scharf-Areals bei der Bevölkerung nicht nur Interesse, sondern leider auch heftige Proteste hervorgerufen hätten, dass man aber die Belange der Bevölkerung ernst nehme und deshalb zu dieser Aussprache eingeladen habe. Es folgt eine langwierige Begrüßung der wichtigen Leute an unserem Tisch (siehe Anwesenheitsliste). Dann beschließt er dankend, das Wort endlich an Frau Born weiterzugeben.*

Nach der Begrüßung teilt der Bürgermeister, Herr Markus Diehl, mit, dass man im Rathaus über

**2...** Hier finden Sie zwei weitere Ausschnitte aus dem Verlauf der Diskussion. Bearbeiten Sie den Text wie in Aufgabe 1, S. 58, begonnen, indem Sie die wichtigen Aussagen unterstreichen und in der rechten Spalte in Stichworten zusammenfassen.

**Frau A:** *Also, neue Einkaufsmöglichkeiten finde ich gut, aber die vielen Kinos und Diskotheken, das muss nicht sein. Das macht nur Krach und ...*

**Herr A:** *Genau! Um die Ecke einkaufen können ist gut, aber Sie locken hier mit den Angeboten einen Haufen Leute in unser Viertel, die parken unsere Straßen zu, lassen überall ihren Dreck liegen, und dann das ganze Gehupe und Gejohle von dem Mob ...*

**Frau A:** *... und all die Kriminellen aus den Diskos, da traut man sich nicht mehr aus dem Haus ...*

**Herr A:** *Genau! Wir brauchen hier keine Diskos und keine Kinos! Was Sie hier planen, ist eine Schweinerei.*

befürwortet neue Einkaufsmöglichkeiten

**Frau B:** *Also, ein Kinokomplex mit zehn Filmen gleichzeitig ist nur toll! Unsere Clique geht oft ins Cinemaxx nach Mühlhausen. Da kann jeder sehen, was er will, und es gibt keinen Zoff in der Gruppe. Ich mag den Action-Schrott nicht, aber die Jungs stehn da drauf. Und hinterher gleich nebenan in die Disko, ich kann nur sagen, das ist echt gut und ...*

**Herr A:** *Und wir kriegen den Krach von eurem Diskozeug da auf die Ohren und ...*

**Frau B:** *Die sind doch schallisoliert, Mann!*

**Herr A:** *Unterbrechen Sie mich nicht! Das ist doch hier die Höhe! Wir brauchen hier keine Diskos.*

**Herr Branke:** *Ich muss darum bitten, die anderen Teilnehmer nicht zu unterbrechen. Außerdem bitte ich um sachlichen Diskussionsstil. Ihre größte Sorge scheinen erstens eine Zunahme von Menschen und Verkehr in Ihrem Viertel und zweitens die damit einhergehende Ruhestörung und Müllbelästigung zu sein. Da kann Ihnen Herr Ihring vom Tiefbauamt weitere Informationen geben.*

**Herr Ihring:** *Die Sorgen der Anwohner sind uns bekannt. Wir können diese Sorgen verstehen und nehmen sie sehr ernst. Unsere Lösung ist eine direkte Verbindung von der Umgehungsstraße zum Scharf-Areal. Der Verkehr wird über diese Verbindungsstraße direkt zu den Parkmöglichkeiten auf dem Gelände geleitet. Ich kann den Anwesenden versichern, dass diese Lösung verkehrstechnisch eine zusätzliche Entlastung des Viertels bewirkt. Gibt es da noch Unklarheiten? [...]*

Fortsetzung Seite 62

**Frau Betz:** *Unsere Untersuchungen haben gezeigt, dass sich das Verhalten der Kinogänger grundlegend geändert hat. Der moderne Kinobesucher entscheidet sich nicht mehr zu Hause für einen Film, sondern möchte an Ort und Stelle aus dem Angebot wählen. Es hat sich herausgestellt, dass das Cinemaxx in Mühlhausen eine hohe Prozentzahl der Kinobesucher unserer Stadt abzieht. Ein Kinokomplex auf dem Scharf-Gelände kann dieser Entwicklung entgegenwirken und die Attraktivität unserer Stadt erhöhen.*

**Herr D:** *Ich möchte hier Frau Betz zustimmen. Wir verabreden uns oft mit Freunden im Cinemaxx. Ein Kinokomplex hier in unserer Stadt kann vielen Menschen den Weg nach Mühlhausen sparen. Das Gleiche gilt auch für die Disko. Es ist höchste Zeit, dass in diesem Bereich das Angebot für Jugendliche in unserer Stadt erweitert und somit nach dem Diskobesuch der gefährliche Heimweg am Steuer vermieden wird. [...]*

Das Protokoll muss kurz und sachlich berichtend das Wesentliche zusammenfassen. Die verwendete Zeitform ist das Präsens.

3... Fassen Sie auf Grund Ihrer Stichworte von Seite 58 ff. das Wesentliche aus den Beiträgen der Teilnehmer zusammen. Achten Sie dabei auf Sachlichkeit. Fangen Sie so an:

Frau A und Herr A befürworten neue Einkaufsmöglichkeiten, befürchten aber, dass durch die Kinos und

Will man wesentliche Beiträge möglichst genau wiedergeben, wird die indirekte Rede verwendet (s. S. 65).

**4** ... Setzen Sie die Aussagen von Frau Betz in die indirekte Rede.

Frau Betz sagt, Untersuchungen hätten gezeigt, dass

## Ergebnisprotokoll

Man unterscheidet
1. **Verlaufsprotokoll,** das die Diskussionsbeiträge sinngemäß, sachlich und knapp in Form eines kurzen Berichtes zusammenfasst. Wesentliche Aussagen werden in *indirekter Rede* wiedergegeben.
2. **Ergebnisprotokoll,** das die wichtigsten Ergebnisse und Beschlüsse – oft nur in Stichworten – festhält.

**1.** Ergänzen Sie folgendes Ergebnisprotokoll. Wählen Sie aus der unten stehenden Liste die passenden Ergebnisse.

Die Diskussion führte zu folgenden Ergebnissen:

a) Die Anwohner

befürworten neue Einkaufsmöglichkeiten,

befürchten • Ruhestörung durch ......

• ......

• ......

b) Für Jugendliche ......

......

c) Untersuchungen ......

......

d) Eine Verkehrszunahme ......

......

Pulverhausen, den ...... Bürgermeister: ......

Protokollführer: ...... Diskussionsleiter: ......

*Die Anwohner*
*befürworten neue Einkaufsmöglichkeiten/begrüßen den Bürgermeister/begründen ihre Forderungen/befürchten Ruhestörung durch die Zunahme des Verkehrs/Krach durch die Tanzschule/Gefährdung der Sicherheit/Belästigung durch Gemüseabfälle/Müllbelästigung.*

*Für Jugendliche*
*ist Freizeit wichtig/ist eine Disko in der Stadt als Treffpunkt längst fällig und wird begrüßt/ sind neue Parkplätze auf dem Gelände notwendig.*

*Untersuchungen*
*zeigen die Beliebtheit der Fußballnationalmannschaft/machen einen Kinokomplex überflüssig/zeigen die Notwendigkeit eines Kinokomplexes mit erweitertem Angebot.*

*Eine Verkehrszunahme*
*wird vermieden durch neue Parkplätze/durch eine direkte Zufahrtsstraße zu den Parkmöglichkeiten auf dem Freizeitgelände/wird gefördert durch eine direkte Zufahrtsstraße.*

## Übungen zur direkten und indirekten Rede

Die **direkte Rede** gibt eine Aussage wörtlich wieder. Sie wird von Anführungszeichen eingeschlossen und von einer Redeeinleitung, die ein Verb des Sagens oder Denkens enthält, begleitet.

Beispiel: *„Neue Einkaufsmöglichkeiten finde ich gut“, sagt Frau A.*

Die **indirekte Rede** gibt den Inhalt der Aussage eines anderen distanziert, sachlich und neutral wieder. Hauptkennzeichen der indirekten Rede ist der Konjunktiv.
Die Wiedergabe der Aussage kann entweder durch die Konjunktionen „dass“ oder „ob“ mit der Redeeinleitung verbunden oder ohne Verbindungswort einfach angefügt werden.

Beispiel: *Frau A sagt, dass sie neue Einkaufsmöglichkeiten gut finde.*
*Frau A sagt, sie finde neue Einkaufsmöglichkeiten gut.*

**1...** Vergleichen Sie die beiden Texte und unterstreichen Sie, was sich im Text verändert hat.

**T1...** *Herr Ihring sagt: „Die Sorgen der Anwohner sind uns bekannt. Wir können diese Sorgen verstehen und nehmen sie sehr ernst. Unsere Lösung ist eine direkte Verbindung von der Umgehungsstraße zum Scharf-Areal. Der Verkehr wird über diese Verbindungsstraße direkt zu den Parkmöglichkeiten auf dem Gelände geleitet. Ich kann den Anwesenden versichern, dass diese Lösung verkehrstechnisch eine zusätzliche Entlastung des Viertels bewirkt. Gibt es da noch Unklarheiten?“*

**T2...** *Herr Ihring sagt, dass ihnen die Sorgen der Anwohner bekannt seien. Er meint, dass sie diese Sorgen verstehen könnten und sehr ernst nähmen. Ihre Lösung sei eine direkte Verbindung von der Umgehungsstraße zum Scharf-Areal. Der Verkehr werde über diese Verbindungsstraße direkt zu den Parkmöglichkeiten auf dem Gelände geleitet. Er könne den Anwesenden versichern, fügt Herr Ihring hinzu, dass diese Lösung verkehrstechnisch eine zusätzliche Entlastung des Viertels bewirke. Er fragt, ob es da noch Unklarheiten gebe.*

**2...** Tragen Sie die Veränderungen in die Tabelle ein.

| | **direkte Rede** | **indirekte Rede** |
|---|---|---|
| Redeeinleitung | *Herr Ihring sagt: „ ...* | Herr Ihring sagt, ... |
| Konjunktion als Verbindung | – | dass |
| Verben (flektierte Formen) | *sind, können, nehmen, ist, wird, kann, bewirkt, gibt* | seien |
| Pronomen | *uns, wir, unsere, ich* | ihnen |

**3...** Finden Sie zehn weitere Verben des Sagens und Denkens.

sagen, meinen, fragen,

# Ausgewählte Probleme bei der Rechtschreibung und Zeichensetzung

Ein deutsches Wörterbuch sollte Sie als guter Helfer ständig begleiten: in der Schule, im Beruf und auch im Privatleben. Der DUDEN z.B. enthält nicht nur alle Wörter von A bis Z, sondern auch ein Kapitel mit Regeln, in dem Sie Erklärungen und Beispiele finden.
Also: Schlaue Menschen schlagen nach, und zwar lieber öfter als zu wenig.
Fehler lassen sich außerdem vermeiden, wenn Sie Fehlerquellen erkennen und benennen können.

## Test: Wie fit bin ich in der Rechtschreibung?

**1**... Setzen Sie in dem folgenden Auszug aus einem Aufsatz zum Thema „Rechtschreibreform“ die fehlenden Buchstaben ein.

*Manche Leute ..... einen (m/M), da..... (s/ss) die Reform der ..... eutschen (d/D) Rechtschreibung völlig am ..... illen (w/W) der ..... eisten (m/M) Menschen vorbeigeht. Da..... (s/ss) wäre vielleicht wirklich da..... (s/ss) ..... rgebnis (e/E), da..... (s/ss) bei einer Volksbefragung he..... auskommen (r/rr) würde, aber ich fände da..... (s/ss) nicht fair, weil es oft nur die ..... lteren (ä/Ä) sind, die ..... edenken (b/B) haben. Da..... (s/ss) da..... (s/ss) jedoch meist nur daran liegt, da..... (s/ss) ..... ie (s/S) nicht umlernen wollen, ist doch klar, denn schlie..... lich (s/ss/ß) ist es eine ..... ache (s/S) der ..... ewohnheit (g/G).*
*„En..... lich (d/t) weniger Ausn..... men (a/ah) zu lehren!“, so riefen die Grundschullehrer, die sehr bald ..... eststellten (f/F), da..... (s/ss) es den Abc-Schützen ..... iel (f/v) leichter ..... iel (f/v), ..... chreiben (s/S) zu lernen. Und wenn da..... (s/ss) wirklich so ist, dann bewei..... t (s/ss/ß) da..... (s/ss), da..... (s/ss) der Hauptzweck der Rechtschreibreform erreicht worden ist, und darüber sollte die ..... ltere (ä/Ä) Generation nicht meckern, sondern sich für ..... hre (i/I) ..... achkommen (n/N) freuen.*
*Da..... (s/ss) ..... este (b/B) an der Reform ist für mich, da..... (s/ss) für manche Wörter zwei Schreibwei..... en (s/ß) erlaubt sind, zum Beispiel „Thunfisch“ (alte ..... chreibung) (s/S) oder „Tunfisch“. Daran wird die ..... eutsche (d/D) Sprache nicht „zugrunde gehen“ (alt)/„zu Grunde gehen“ (neu), oder was meinen ..... ie (s/S)?*
*Abschließend möchte ich ..... olgendes (f/F) ..... etonen (b/B): Trotz der ..... ereinfachung (v/V) der Rechtschreibung mu..... (s/ss/ß) ..... an (m/M) manchmal im Wörterbuch nachschlagen, also habe ich es immer ..... riffbereit (g/G). Da..... (s/ss) ist es mir ..... ert (w/W).*

**a**... In welchen Fällen fühlten Sie sich unsicher? Notieren Sie die Wörter am rechten Rand.

**b**... Überprüfen Sie nun im Lösungsteil Ihre Ergebnisse. Haben Sie Fehler gemacht?
Wie viele waren es bei *das – dass* [ ] oder sonst beim s-Laut [ ],
wie viele bei der Groß- und Kleinschreibung [ ]? Wie viele sonstige Fehler [ ]?

## Groß- und Kleinschreibung

### Namen, Nomen und Satzanfänge

Namen (1), Nomen (2) und Satzanfänge (3) werden großgeschrieben.
Nomen (auch „Substantive“ genannt) sind in der Regel erkennbar

- am begleitenden (bestimmten oder unbestimmten) Artikel:
  *der Baum, eine Nachricht, des Kindes;*
  Achtung: Der Artikel ist schwer zu erkennen, wenn er mit einer vorausgehenden Präposition verschmolzen ist, z. B. *ins = in das, beim = bei dem, im = in dem, zum = zu dem.*
  Achtung: Manchmal steht auch gar kein Artikel beim Nomen. Dann muss man prüfen, ob ein Artikel hinzugedacht werden könnte, z. B.:
  *Ich möchte Folgendes betonen. = Ich möchte das Folgende betonen.*
- am begleitenden Pronomen: *mein Handy* (Possessivpronomen);
  *etwas Glück* (Indefinitpronomen);
- manchmal auch an typischen Suffixen, z. B. *-heit, -keit, -ung: Verlegenheit, Möglichkeit, Lösung.*

**1** ... Schreiben Sie folgenden Text in Groß- und Kleinschreibung ab.

*AN UNSERER SCHULE GIBT ES EINE JUNIORENFIRMA, DIE VON HERRN KLEIN BETREUT WIRD. AUF DER DIESJÄHRIGEN COMPUTERMESSE IN ULM DURFTEN SICH DIE BETEILIGTEN SCHÜLERINNEN UND SCHÜLER DAS ERSTE MAL EINER BREITEN ÖFFENTLICHKEIT VORSTELLEN. SIE SOLLTEN EINEN INTERESSANTEN MESSESTAND ENTWERFEN, UM MÖGLICHST VIEL AUFMERKSAMKEIT ZU ERREGEN. ES WAR EIN TOLLER ERFOLG: DIE PRESSE WAR VOLL DES LOBES.*

**2** ... **a** ... Markieren Sie in Ihrem Text mit je einer Farbe die Satzanfänge, die Namen und die Nomen.

**b** ... Schreiben Sie die Nomen aus dem Text heraus, die Sie an der Endung erkannt haben.

**c** ... Schreiben Sie die Nomen, die Sie am begleitenden Artikel erkannt haben, mit diesem zusammen heraus. (Achtung: An einigen Stellen steht ein Adjektiv bzw. Partizip zwischen Artikel und Nomen. Das Adjektiv bzw. Partizip wird kleingeschrieben.)

**d** ... Es bleibt nur ein Nomen übrig, das weder eine typische Endung noch einen begleitenden Artikel hat. Welches ist das und wie können Sie es dennoch als Nomen bestimmen?

## Nominalisierungen

Wortarten, die man normalerweise immer kleinschreibt, werden dann großgeschrieben, wenn sie wie ein Nomen gebraucht werden (= Nominalisierungen):

**Nominalisierte Verben** (4): *Sie telefoniert andauernd, denn (das) Telefonieren ist ihre Leidenschaft. Beim (= bei dem) Baden liest sie gern, aber eigentlich badet sie ungern.*

**Adjektive** (5): *Er tat sein Bestes, aber er konnte beim besten Willen sein Handy nicht finden.*
Sie kommen auch nach Indefinitpronomen wie *alles, nichts, etwas* vor: *alles Gute, nichts Neues, etwas Böses.*

**andere Wortarten** (6): *das Auf und Ab der Börsenkurse, sie leben im Hier und Heute, im Voraus*

**1...** Entscheiden Sie, ob groß- oder kleingeschrieben wird. Streichen Sie jeweils die falsche Variante durch und markieren Sie dann die drei Arten von Nominalisierungen mit je einer Farbe.

*a) Sie hatte keine Lust zu schreiben/Schreiben. b) Die Lust am schreiben/Schreiben war ihr vergangen. c) Es gab nichts neues/Neues zu berichten. d) Das einzige neue/Neue war der neue/Neue Laptop. e) Aber sie musste das für/Für und wider/Wider genau abwägen. f) Es hatte etwas aufregendes/Aufregendes, überall schreiben/Schreiben zu können. g) Und sie wusste, dass sie ohne Laptop im abseits/Abseits stand.*

**2...** Im folgenden Text, der komplett kleingeschrieben ist, hat das Rechtschreibprogramm des Computers bestimmte Fehler nach den Regeln der Groß- und Kleinschreibung erkannt und markiert, andere jedoch hat er nicht entdecken können.

*natalia und marc streiten sich übers telefonieren. „ich finde es zum totlachen, wenn leute beim telefonieren auf der straße so laut reden, dass man das zuhören kaum vermeiden kann", sagt natalia. „im nachhinein bereue ich es schon ab und zu, ein handy zu haben." „das ist doch quatsch. ein handy kann leben retten! und wenn's dich stört, musst du nur wissen, wo der knopf zum ausschalten ist", meint marc. „schon gut. ich rege mich eben auf, wenn jemand so tut, als wäre man ohne handy ein niemand." „wer sagt denn das? ich brauch's nicht zum angeben." „du vielleicht nicht, aber es gibt schon ein paar, bei denen es so ist."*

**a...** Welche beiden Arten von falscher Kleinschreibung hat der Computer erkannt?

.........................................................................................................

**b...** Welche anderen Wörter müssen großgeschrieben werden? Ordnen Sie Beispiele den Regeln entsprechend in drei Gruppen in die folgende Tabelle ein.

| Regel | Beispiele |
|---|---|
| 3 | „Ich finde ...": „Im ..." |
| | |
| | |
| | |

**c...** Wie ist es zu erklären, dass der Computer diese Fehler nicht erkennt?

.........................................................................................................

## Anredepronomen

Die **Höflichkeitsanrede** *Sie* und die zugehörigen Formen *Ihnen, Ihr* werden großgeschrieben, egal, ob sie an eine oder an mehrere Personen gerichtet sind:
*Wie geht es Ihnen? Haben Sie sich erholt? Ich begrüße Sie alle herzlich ...*
Die Formen der **vertrauten Anrede** (*du* u.a.) werden in der Regel kleingeschrieben. In Briefen können sie aber auch groß geschrieben werden. *Wie geht es euch/Euch? Hast du/Du dich/Dich erholt?*

Verwirrung kann dadurch entstehen, dass *eine* Form, z.B. „SIE", verschiedene Aufgaben hat:

1. Höflichkeitsanrede *Sie: Ich brauche Sie* („Sie" = eine oder mehrere Personen)
2. Personalpronomen *sie: Ich brauche sie* („sie" = die Frau, die Musik, → 3. Pers. Sing.)
3. Personalpronomen *sie: Ich brauche sie* („sie" = die Mitarbeiter, die Daten, → 3. Pers. Plur.)

**1...** In bestimmten Textsorten taucht die Höflichkeitsanrede *Sie/Ihnen* usw. besonders häufig auf. Formulieren Sie für jede der folgenden Textsorten einen typischen Beispielsatz:

Leserbrief: ..........

Werbetext: ..........

Bewerbungsschreiben: ..........

Geschäftsbrief: ..........

**2...** In manchen Fällen kann die falsche Schreibung peinlich sein. Erklären Sie dies bei folgenden Sätzen (die Fehler sind jeweils markiert!):

a) Aus einem Aufsatz über Erziehung: „Manchen Eltern fällt es schwer, **I**hren Kindern Grenzen zu setzen. Deshalb finde ich, dass die Eltern **I**hnen das Taschengeld kürzen sollten."

..........

b) Frage an den Trainer einer verletzten Sportlerin: „Ist das das Ende **I**hrer Karriere?"

..........

**3...** Streichen Sie im folgenden Leserbrief die falsche Variante jeweils deutlich durch:

*In der Überschrift ihres/Ihres Berichts vom 29. März über den Mangel an IT-Fachkräften zitieren sie/Sie ein Werbeplakat einer Dresdener Software-Firma so: „Spüren Sie noch ihren Puls?" Ich frage mich: wessen Puls??? Wenn sie/Sie diese falsche Schreibweise nun schon in ihren/Ihren Überschriften bringen, obwohl sie/Sie auf dem abgebildeten Originalplakat der Firma nicht auftaucht, muss ich sie/Sie per Leserbrief auf diesen immer häufiger auftretenden Fehler hinweisen. Wenn nämlich Heranwachsende ihre/Ihre Zeitung lesen, besteht die Gefahr, dass sie/Sie diese falsche Schreibung übernehmen. Und das wäre schlimm, denn in der Schule, bei Eignungstests und überhaupt müssen sie/Sie beweisen, dass sie/Sie sie/Sie richtig beherrschen.*

### Kleinschreibung bestimmter Nomen

In Verbindung mit *sein*, *bleiben* und *werden* werden Nomen wie *Recht, Angst, Leid, Pleite, Wert, Schuld* zu Adjektiven. Deshalb werden sie kleingeschrieben:
*Ist es dir recht, wenn ... ? Es war ihr ganz recht, dass ...*
Auch *recht* im Sinne von „richtig" wird kleingeschrieben:
*Das geschieht dir recht. Ich kann euch nichts recht machen.*

Kleinschreibung von *ernst* in Verbindung mit *sein* sowie mit *werden, meinen* und *nehmen:*
*Es ist ihm ernst damit. Die Lage wurde ernst. Meinst du das ernst?*
*Ich muss ihn ernst nehmen.*

Aber: *Ernst* mit anderen Verben, z. B.:
*Glaubst du das im Ernst? Sie machte wirklich Ernst.*

**1** ... Ergänzen Sie folgende Sätze aus einer Filmszene (Personen: ein junges Ehepaar, Ort: ein Nobelrestaurant):

*a) Wär's dir ............ (RECHT), wenn wir jetzt gehen? b) Gern. Mir kann man es, wenn es um Essen geht, nicht so leicht ............ (RECHT) machen, aber das Essen hier ist wirklich schlecht. c) Ich bin deine Mäkeleien zwar ............ (LEID), aber heute teile ich deine Ansicht. d) Meinst du das ............ (ERNST)? Das war doch immer dein Lieblingslokal. e) Ja, aber heute hat der Koch keinen großen ............ (WERT) auf Geschmack gelegt. Ich sollte ihn an unseren Tisch holen lassen. f) Ach komm, das ist es nicht ............ (WERT). Du wolltest mir doch etwas Wichtiges sagen. g) Ja, also – wie soll ich's dir sagen? Ich bin ............ (PLEITE). h) Was? Wie kann eure Firma so plötzlich ............ (PLEITE) machen? i) Tja, daran ist nur Tim ............ (SCHULD). j) Du gibst ihm allein die ............ (SCHULD) daran? k) Aber ja, ich werde es nämlich allmählich ............ (LEID), ständig für ihn einzuspringen. l) Dann hat er mit seiner Drohung, eine eigene Firma zu gründen, also ............ (ERNST) gemacht. m) Sieht so aus. Aber glaubst du im ............ (ERNST), dass er das durchhält? n) Mir ist ............ (ANGST) bei dem Gedanken, dass er durchhält. o) Meinst du das etwa ............ (ERNST)? Komm schon, den nimmt doch keiner ............ (ERNST). p) O doch! Ich sage dir, Tim behauptet zu ............ (RECHT), dass er dich eines Tages überholen wird. q) Ach ja? Jetzt soll ich wohl ............ (ANGST) kriegen. r) Ja, das wäre die richtige Reaktion. Das ist übrigens ein ............ (ERNST) gemeinter Rat. s) Du meinst also, es geschieht mir ganz ............ (RECHT), dass ich ............ (PLEITE) bin. t) Ja! Dann wirst du vielleicht wieder normal. Und das wär's doch ............ (WERT). u) Du meinst, ich habe in letzter Zeit zu wenig ............ (WERT) darauf gelegt, mit dir zusammen zu sein. v) Genau. Ich bin es einfach ............ (LEID), dauernd allein zu sein. w) Nun bekomme ich aber ............ (ANGST), nicht nur die Firma, sondern auch dich zu verlieren.*

## Gleich und ähnlich klingende Laute

### das oder dass?

Es gibt drei verschiedene Arten von „das“:

- der **Artikel** (A) *das,* der zu einem Nomen gehört und ersetzbar ist durch *dieses* oder *jenes:* *das* (dieses /jenes) *Mädchen, das* (dieses/jenes) *neue Buch*
- das **Relativpronomen** (R) *das,* das sich auf ein Nomen bezieht und ersetzbar ist durch *welches:* *Das Mädchen, das* (welches) *ich meine, steht da drüben.*
- das **Demonstrativpronomen** (D) *das,* das ersetzbar ist durch *dies:* *Das* (Dies) *ist das Mädchen, das ich meine.*

Es gibt dagegen nur eine Art von „dass“, und das ist die **Konjunktion** (K), die sehr häufig vorkommt. Sie steht am Anfang eines Nebensatzes und ist nicht ersetzbar:
*Ich glaube, dass ich ihn kenne. Dass ich ihn kenne, wusste er nicht.*
Aber: *Ich glaube, das* (dies) *ist er.*

Damit Sie *das/dass* immer richtig schreiben, machen Sie einfach die Ersatzprobe.

**1**... Machen Sie im folgenden Text die Ersatzprobe, indem Sie dort, wo sie möglich ist, das Ersatzwort in die Klammer schreiben und dann in die Lücke davor entsprechend *das* einsetzen und dort, wo sie nicht möglich ist, entsprechend die Konjunktion *dass* einsetzen und die Klammer durchstreichen:

*Unfallexperten setzen sich dafür ein, .......... (..........) Führerscheinneulinge absolut keinen Alkohol trinken dürfen. .......... (..........) würde die relativ hohe Zahl von jungen Toten und Verletzten im Straßenverkehr drastisch senken. .......... (..........) .......... (..........) eine gute Maßnahme wäre, um .......... (..........) Problem in den Griff zu bekommen, zeigt der Vergleich mit anderen Ländern: Schweden zum Beispiel, .......... (..........) strengere Alkoholgesetze hat, zeigt in dieser Hinsicht ein viel freundlicheres Gesicht als unser Land. .......... (..........) absolute Verbot ist eben einfacher als .......... (..........) Herumspielen mit Promillegrenzen. .......... (..........) .......... (..........) eine Glas zu viel .......... (..........) letzte sein kann, .......... (..........) du in deinem Leben trinkst, muss dir bewusst sein. .......... (..........) gilt natürlich für alle Rauschmittel.*

**2**... Füllen Sie die Lücken mit *das* oder *dass* und schreiben Sie in die Klammer jeweils den Anfangsbuchstaben der entsprechenden Wortart, also A, R, D oder K (siehe Kasten):

*Meine Eltern meinen, .......... (...) ich mit 18 noch zu jung sei, um ein eigenes Auto zu haben. Außerdem sei .......... (...) ohnehin zu teuer. Dabei ist .......... (...) Auto, .......... (...) ich mir vorstelle, ein ganz altes, billiges. Und .......... (...) Geld, .......... (...) ich für den Unterhalt brauchte, würde ich selbst verdienen. Dazu kommt, .......... (...) Fahrpraxis am Anfang .......... (...) Wichtigste ist. .......... (...) sagt jedenfalls mein Fahrlehrer. .......... (...) .......... (...) so ist, bestreiten meine Eltern nicht, aber sie meinen trotzdem, .......... (...) habe noch Zeit.*

## s-Laut

Es gibt drei Schreibweisen für den s-Laut: **s, ss** und **ß**.

- Das weich gesprochene (stimmhafte) „s“ wird immer mit einem **s** geschrieben: *Rose, lose.*
- Das scharf gesprochene (stimmlose) „s“ kann drei Schreibweisen haben:

Man schreibt **s:**
vor -t: *sie reist,*

- im Auslaut: *Haus,* wenn andere Formen dieser Wörter ein weiches *s* haben: *reisen, Häuser* (aber: *sie reißt aus* ⟶ *ausreißen*),
- im Suffix -nis: *Ergebnis* (aber: *Ergebnisse* ⟶ kurzes i, kein Auslaut),
- in Wörtern, die aus anderen Sprachen übernommen wurden: *Zirkus, Atlas, Bus,* (aber: *Busse, Kürbisse* ⟶ kurzes i, kein Auslaut),
- in „kleinen“ Wörtern wie *als, bis* (aber: *er biss zu* ⟶ *zubeißen*), *es.*

Man schreibt **ss:**

- nach kurzem Vokal: *Fluss, Schloss, er isst* (von „essen“), *sie hasst, wässrig.*

Man schreibt **ß:**

- nach langem Vokal oder nach Doppelvokal: *Gruß, Grüße, er grüßt, Fleiß, fleißig, Floß* (aber: *Fluss*), *außer* (aber: *aus, Ausnahme*).

Treffen drei *s* aufeinander, kann man zur besseren Lesbarkeit einen Bindestrich setzen: *Bassstimme,* auch: *Bass-Stimme.*

**1...** **a...** Worum geht es hier?

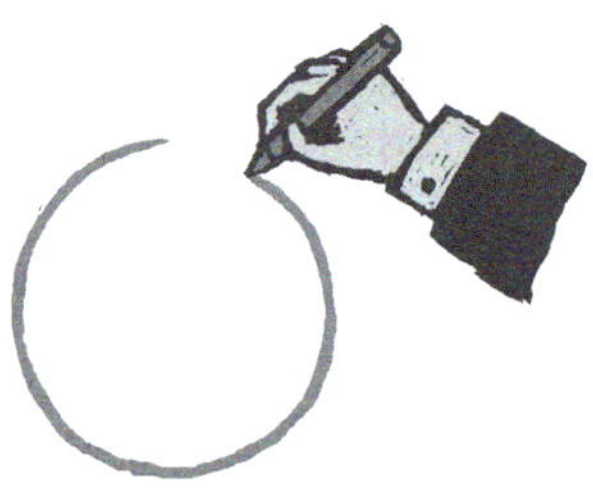

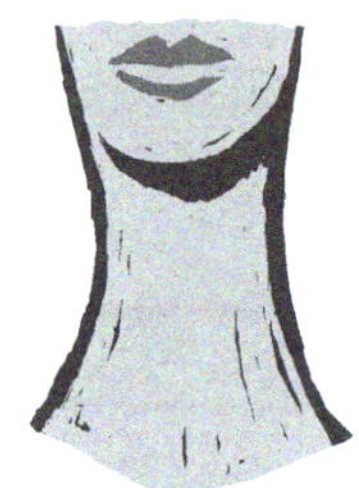

**b...** Bilden Sie Verben aus den Nomen der Aufgabe 1a.

**2...** Setzen Sie die folgenden Verben in die 2. Person Singular.

lesen ............ müssen ............

hassen ............ haben ............ umkreisen ............

**3...** Schreiben Sie die folgenden Nomen in der Singularform auf und die Verben in der 3. Person Singular (= er/sie/es) im Präteritum.

Grüße, Zeugnisse, Fässer, Füße, Schlösser:

lesen, lassen, stoßen, beißen, essen:

**4...** Suchen Sie für die folgenden zusammengesetzten Wörter den jeweils fehlenden „Partner“, und zwar so, dass drei „s“ aufeinander stoßen.

*eine Messsonde einführen, mit Pressspan verkleiden, eine ........ schale knacken, genuss ........ sein, ins ........ studio gehen, eine geheime Verschluss ........, einen ........ strich ziehen, die Pass ........ fahren, Stress ........ überstehen, am ........ stand essen, ........ schnee bremst, eine Bass ........ im Chor, einen ........ stand beseitigen, als Kind war ich ein richtiger Fress ........, Ulm ist eine ........ stadt.*

**5...** Setzen Sie im folgenden Text den richtigen s-Laut ein:

*Ge... tern la... ich die... en lu... tigen Artikel in der Zeitung:*

**Mann bei... t Hund**

*Den Spie... einmal umgedreht hat ein Hundebe... itzer in San Francisco: Der 24-jährige Stephen Maul bi... seinen Labrador zweimal. Er mu... sich deshalb nächste Woche wegen Mi... handlung des Tieres vor Gericht verantworten. Dabei habe Maul nur zugebi... en, um zu zeigen, da... er der Herr sei, sagte sein Anwalt am Wochenende. „Dem Hund hat da... nicht wehgetan. Da... war nur eine Lerntechnik.“ Doch die geschockten Augenzeugen riefen gleich die Polizei. Als ihm die Beamten da... Tier wegnahmen, erlitt Maul nach Angaben des Anwalts einen Herzanfall. Den Vorwurf der Tiermi... handlung wie... der 24-Jährige zurück.*

*Ich würde gern da... Ergebni... der Gerichtsverhandlung wi... en. Angesichts möglicher Mi... tände in Tierheimen hoffe ich, da... der Hund wieder seinem Herrchen überla... en wird. Bei Mr Maul gibt’s sicher nicht nur Bi... e, sondern auch Kü... e als „Lerntechnik“.*

## Ähnlich klingende Konsonanten: b oder p, d oder t, g oder k/ck?

Ob die weich gesprochene Variante der Konsonanten b, d, p oder die hart gesprochene p, t, k/ck richtig ist, können Sie feststellen, wenn Sie das fragliche Wort verlängern, indem Sie

(1) den Infinitiv suchen: *man schraubt* → *schrauben,*
(2) eine flektierte Form bilden: *alt* → *ein alter Hund; Betrieb* → *Betriebe* (Pluralform),
(3) die Steigerungsform beim Adjektiv bilden: *kalkig* → *kalkiger,*
(4) ein verwandtes Wort suchen: *Botschaft* → *Bote.*

Vorsicht! Nur die Standardaussprache hilft hier weiter; eine von Dialekt gefärbte Aussprache kann irreführend sein.

**1...** Setzen Sie in dem folgenden Brief die fehlenden Konsonanten ein und schreiben Sie in die nebenstehende Tabelle die verlängerte Form sowie die angewandte Methode in Klammern dahinter.

| | **verlängerte Formen** |
|---|---|
| *Liebe Oma,* | |
| *letzte Woche bekam ich einen Hamster geschen...t.* | schenken (1) |
| *Da er wir...lich riesi...ist, habe ich ihn „Conan“* | |
| *getauf....* | |
| *Morgens und aben...s füttere ich ihn.* | |
| *Steffi gi...t ihm manchmal Sala....* | |
| *Gestern Aben...hat er mich mor...smäßig* | |
| *erschre...t,* | |
| *denn er verschwan...unter dem* | |
| *Schran...und ich suchte ihn zunächst* | |
| *verge...lich. Ganz verstau...t tauchte* | |
| *er schließlich von sel...st wieder auf.* | |
| *Besuchst du uns bal...mal wieder?* | |
| *Conan freu...sich schon, dich kennen zu lernen.* | |
| *Keine Angst! Er ist ein freun...liches Wesen.* | |
| *Allerdin...s hat er Papa gleich am ersten Tag* | |
| *gebissen, aber der hatte ihn gewe...t.* | |
| *Hamster schlafen nämlich ta...süber.* | |
| *Hoffen...lich kommst du trotzdem!* | |

*Viele Grüße!*

*Dein Christian*

## Der große Abschlusstest

**1** ... Setzen Sie in dem folgenden Brief alle fehlenden Buchstaben ein. Benutzen Sie dabei, wenn Sie Zweifel haben, die Merkkästen in diesem Kapitel als Nachschlagewerk.

***Geplante ..... bschaffung des Deutschunterrichts an der Berufsschule***

*Sehr geehrte Damen und Herren,*

*..... it ..... rstaunen haben wir ..... eldungen der Pre ..... e ..... ntnommen, da ..... ..... hr Ministerium darüber nachden ..... t, ob die eine Wochenstunde ..... eutsch an der Berufsschule gestrichen werden könne. Da ..... war für unsere Klasse der Anla ..... für eine Diskussion über da ..... ..... ür und ..... ider in dieser Frage. Mit ..... ilfe des Protokolls, da ..... über diese Deutschstunde ..... ngefertigt wurde, möchten wir ..... hnen die Ergebni ..... e unserer Erörterung ..... arstellen, denn schlie ..... lich sind wir die ..... etroffenen.*

*Zu Beginn meinten einige Schüler und Schülerinnen, da ..... ..... erufsbezogene Fächer ..... ichtiger seien als ..... eutsch, da ..... wir alle ja schon ..... ahrelang in den vorherigen Schulen hatten. ..... an solle dafür lieber den ..... mgang mit dem PC verstärkt ..... nterrichten. Von den ..... eisten Schülern kam aber der ..... nwan ....., da ..... da ..... ..... eherrschen der ..... eutschen Sprache für fa ..... t alle Bereiche des Berufs no ..... wendig sei, sei es z. B. für das ..... chreiben von Geschäftsbriefen aller Art oder für das ..... elefonieren oder sonstige Gespräche mit Kunden. Da ..... bedeutet aber, da ..... der Deutschunterricht auf keinen Fall abgeschafft werden darf!*

*Um zu zeigen, wie ..... rnst uns unser ..... nliegen ist, haben wir uns zu diesem Brief an ..... ie entschlo ..... en. Wir hoffen, da ..... ..... ie uns weni ..... stens in einigen Punkten ..... echt geben.*

## Zeichensetzung

### Haupt- und Nebensatz

Haupt und Nebensatz werden durch Komma getrennt.
Wenn Sie lernen, Satzbaupläne zu erkennen und selber nach solchen Plänen Sätze zu formulieren, werden Sie die Kommas richtig setzen und gleichzeitig Ihren Schreibstil verbessern.
Ein Nebensatz (NS) kann *vor* (1) oder *nach* (2) einem Hauptsatz (HS) stehen oder in den Hauptsatz eingeschoben werden (3):
(1) NS – HS:
*Wenn Sie es wünschen, rufe ich zurück. Dass du anrufst, freut mich sehr.*
(2) HS – NS:
*Er kam gerade herein, als sie anrief. Sie wusste nicht, ob er Zeit für sie haben würde.*
(3) HS – NS – HS:
*Das Telefon, das ich mir wünsche, ist zu teuer. Das Buch, das ich lese, ist gut.*

**1**... Setzen Sie in den folgenden Sätzen die fehlenden Kommas an die richtigen Stellen und schreiben Sie dahinter, ob es sich um Satzbauplan (1), (2) oder (3) handelt:

a) *Immer mehr Jugendliche haben Nebenjobs weil ihr Taschengeld nicht reicht.* ☐

b) *Die Nebenjobs die wirklich gut bezahlt werden sind rar.* ☐

c) *Dass Beziehungen bei der Suche nützlich sind ist allgemein bekannt.* ☐

d) *Das ist genau der Job den ich mir vorstelle.* ☐

e) *Es ist wichtig zu wissen wo man am besten nach Nebenjobs fragt.* ☐

f) *Es gibt durchaus Arbeitgeber mit denen man gut verhandeln kann.* ☐

**2**... Vertauschen Sie bei den Sätzen a bis f, wo es möglich ist, die Position von Hauptsatz und Nebensatz und schreiben Sie die umgestellten Sätze auf (Kommas nicht vergessen!):

## Satzbaupläne erkennen

Man erkennt Satzbaupläne am einfachsten, wenn man nur die Nebensätze bestimmt. In der Regel wird ein Nebensatz durch eine Konjunktion oder ein Relativpronomen oder ein Interrogativpronomen eingeleitet. Das einleitende Wort legt die Art des Nebensatzes fest:

Einleitendes Wort: **Konjunktion,** z. B. *dass, weil, obwohl, als, wenn*
⟶ **Konjunktionalsatz** = NS (K)
*Wenn Sie es wünschen, rufe ich zurück.* = NS (K) – HS
Einleitendes Wort: **Relativpronomen,** z. B. *der, welcher, (mit) dem* ⟶ **Relativsatz** = NS (R)
*Der Mann, mit dem er telefonierte, war ihm unbekannt.* = HS – NS (R) – HS
Einleitendes Wort: **Interrogativpronomen,** z. B. *wer, was, (von) wo*
⟶ indirekter Fragesatz = NS (F)
*Sie wusste nicht, was sie sagen sollte.* = HS – NS (F).

Gemeinsam haben diese Nebensätze, dass an ihrem Ende ein gebeugtes Verb steht.

**1...** Markieren Sie in den Sätzen a bis f aus Aufgabe 1 auf Seite 76 mit einer Farbe jeweils das einleitende Wort des Nebensatzes und mit einer zweiten Farbe jeweils das gebeugte Verb. Schreiben Sie dann die Satzbaupläne genauer auf.

Satz a) ..................... Satz b) ..................... Satz c) .....................

Satz d) ..................... Satz e) ..................... Satz f) .....................

**2...** Verbinden Sie jeweils die Hauptsätze mit einer passenden Konjunktion aus dem Kasten zu einem Satzgefüge: HS – NS (K) oder NS (K) – HS. Achten Sie auf die richtige Kommasetzung.

*dass – ob – sobald – weil – wenn – obwohl*

a) *Immer mehr Jugendliche greifen zur Zigarette. Sie kennen die Gefahren des Rauchens.*

.....................

.....................

b) *Viele fangen in der Clique an zu rauchen. Der Gruppendruck ist stark.*

.....................

.....................

c) *Zigaretten werden noch teurer. Manche Jugendliche würden erst gar nicht anfangen zu rauchen.*

.....................

.....................

d) *Junge Raucherinnen behaupten es. Sie könnten aufhören zu rauchen. Sie würden schwanger.*

.....................

.....................

e) *Das ist dann so einfach möglich. Das ist die Frage.*

.....................

## Hauptsatz und mehrere Nebensätze

Lange Sätze, in denen mehrere Arten von Nebensätzen vorkommen, sind dennoch gut verständlich, wenn die Kommas richtig gesetzt werden, sodass sie übersichtlich sind.
Der Satzbauplan für diesen Merksatz lautet: HS – NS (R) – HS – NS (K) – NS (K)

**1...** Schreiben Sie für die folgenden Sätze jeweils den Satzbauplan auf und setzen Sie die Kommas entsprechend:

*a) Es gibt Eltern die ihre Kinder schlagen obwohl es ihnen hinterher leidtut dass ihnen die Hand ausgerutscht ist.*

Satzbauplan: ..............................

*b) Aber oft wissen Eltern nicht wie sie ohne Gewalt erreichen können dass ihre Kinder das tun was von ihnen erwartet wird.*

Satzbauplan: ..............................

*c) Damit Eltern und Kinder aus diesem Teufelskreis der Gewalt wieder herauskommen gibt es Beratungsstellen in denen den Eltern Tipps angeboten werden wie sie wieder besser mit ihren Kindern auskommen können.*

Satzbauplan: ..............................

*d) Die meisten Eltern können nicht zugeben dass sie ihre Kinder schlagen weil sie sich schämen.*

Satzbauplan: ..............................

## Nebensätze ohne Einleitungswort

Achtung: Manchen Nebensätzen fehlt ein Einleitungswort. Man kann sie umwandeln in Konjunktionalsätze.
*Ich hoffe, du kannst morgen kommen.* → *Ich hoffe, dass du morgen kommen kannst.*

**1...** Wandeln Sie folgende Nebensätze in Konjunktionalsätze um.

*a)* Er sagte ihr, *sie solle ihn so bald wie möglich anrufen.*

..............................

*b)* Ich glaube, *er ist nicht zu Hause.*

..............................

*c)* Sie weiß, *er hat es getan.*

..............................

*d)* Sie ist der Meinung, *er muss den Schaden beheben.*

..............................

*e)* Ich hoffe, *du weißt Bescheid.*

..............................

## Konjunktionen, die Wörter und Wortgruppen verbinden

Wenn Konjunktionen nur Wörter und Wortgruppen verbinden und nicht Haupt- und Nebensätze, dann wird kein Komma gesetzt:

als: *Er ist größer als du. – Er ist größer, als du es bist.*
(Der Nebensatz endet mit einem gebeugten Verb!)

Manche Wörter können zwei Aufgaben haben: Als **Konjunktion** verbinden sie Nebensätze mit Hauptsätzen (Komma!). Als **Präposition** beschreiben sie das Verhältnis von Personen, Gegenständen oder Sachverhalten zueinander (kein Komma, denn sie gehören zu einem Satzglied):

bis: *Sie arbeiten, bis sie umfallen.* (NS endet mit einem konjugierten Verb!)
*Sie arbeiten bis zum Umfallen.*

seit: *Seit sie umgezogen sind, haben wir nichts mehr von ihnen gehört.*
*Seit ihrem Umzug haben wir nichts mehr von ihnen gehört.*

während: *Sie macht oft Hausaufgaben, während sie fernsieht.*
*Sie macht oft Hausaufgaben während des Fernsehens.*

**1**... Verwandeln Sie die Nebensätze in Satzglieder und umgekehrt. Achten Sie auf die Kommasetzung:

a) *Die Firmen stellen mehr Auszubildende ein als erwartet.*

b) *Bis sie ihre Schulzeit beendet hat, geht sie zu ihren Nachbarn zum Babysitten.*

c) *In diesem Jahr gibt es sogar mehr Lehrstellen, als nötig sind.*

d) *Er hat seit seinem Vereinswechsel viel mehr Spaß am Fußballspielen.*

e) *Während er bügelt, hört er gerne Musik.*

## Grammatische Fachbegriffe

| | |
|---|---|
| Adjektiv | Eigenschaftswort |
| Artikel | Geschlechtswort |
| Beugung | s. Flexion |
| Demonstrativpronomen | hinweisendes Fürwort |
| Flexion | Formveränderung eines Wortes |
| Indefinitpronomen | unbestimmtes Fürwort |
| Indikativ | Wirklichkeitsform |
| Interrogativpronomen | Fragefürwort |
| Konjunktion | Bindewort |
| Konjunktiv | Möglichkeitsform |
| Modus | Aussageweise |
| Nomen | Hauptwort |
| Nominalisierung | aus anderen Wörtern gebildete(s) Nomen |
| Partizip | Mittelwort |
| Personalpronomen | persönliches Fürwort |
| Plural | Mehrzahl |
| Possessivpronomen | besitzanzeigendes Fürwort |
| Präposition | Verhältniswort |
| Präsens | Zeitform der Gegenwart |
| Präteritum | Zeitform der Vergangenheit |
| Pronomen | Fürwort |
| Relativpronomen | bezügliches Fürwort |
| Singular | Einzahl |
| Suffix | Ableitungszeichen, das an einen Wortstamm angefügt wird |
| Verb | Tätigkeitswort |

## Textquellen

S. 6 Die Zeitung hat Zukunft, aus: Südwest Presse v. 18. 10. 2000
S. 14 Arnd Bäucker, Die Wut der Vandalen, aus: Stuttgarter Nachrichten v. 15. 11. 1999
S. 30 Erich Fried, Die Retter, aus: Die Beine der größeren Lügen. Verlag Klaus Wagenbach, Berlin 1969
S. 32 Günter Kunert, Vom verirrten Sohn, aus: Unter diesem Himmel. Verlag Neues Leben, Berlin 1955
S. 36 Peter Stamm, Das schönste Mädchen. Arche Verlag, Zürich/Hamburg 1999
S. 73 Mann beißt Hund, aus: Der Tagesspiegel v. 31. 12. 2000

## Bildquellen

S. 3 Schaubild „Geburten in Deutschland“, aus: Frankfurter Rundschau v. 27. 4. 2001 (FR-Infografik)
S. 3 Schaubild „Werbeschlacht der Autoriesen“, aus: Focus-Money v. 10. 5. 2001
S. 44 Zeichnung aus: Ahrlé/Kühn, Zeichnen Sie mal. Falken Verlag, Niedernhausen 1980, mit freundlicher Genehmigung von Ferry Ahrlé
S. 45 Cartoon Touché, © by Tom Körner, Berlin
S. 49 Pressefoto Michael Seifert, Hannover

Redaktion: Ingeborg Busack
Illustrationen: Jens Bonnke, Berlin
Gesamtgestaltung: Christoph Schall
Technische Umsetzung: werkstatt für gebrauchsgrafik, Berlin

**www.cornelsen.de**

2. Auflage, 2. Druck 2008 / 06



Druck: CS-Druck CornelsenStürtz, Berlin

ISBN 978-3-464-63500-1

Inhalt gedruckt auf säurefreiem Papier aus nachhaltiger Forstwirtschaft.